「裏モノJAPAN」
編集部が潜入・激写した

エロと犯罪の決定的瞬間!

ニッポン裏200景

鉄人文庫

「裏モノJAPAN」
編集部が潜入・激写した
エロと犯罪の
決定的瞬間!

ニッポン裏200景

スチュワーデスが高嶺の花だったころ

98年12月号
「実在するか？ スチュワーデスホテトル」

本物のスチュワーデスが働くという触れ込みのホテヘルを調査する体験ルポで、やってることは今と変わらず潜入取材だ。
裏モノJAPAN創刊号の巻頭記事であり、この時点で以降の取材スタイルは決定していたと言える。

ゲイも女も買いに来る ウリ専バーの内部

99年1月号
「センズリするだけでいいんですか？…ラクショーですよ」

「裏モノJAPAN」
編集部が潜入・激写した
エロと犯罪の
決定的瞬間!
ニッポン
裏200景

新宿2丁目の老舗ウリ専バー内部の様子だ。カネを払えば、好みの男性店員を客が連れ出せるシステムで、現在でも同種の店は2丁目に無数にあり、週末は大勢のゲイ客で賑わっている。のみならず、女性客も。そう、ここで店員を買っていくのはゲイだけではないのだ。

お嬢ちゃん、留学中に何のバイトしてんのよ!

00年12月号
「マンハッタンの東洋系専門ホテトルで日本人コールガールを呼んでみた」

部屋の廊下を裸でウロウロ。アメリカで暮らすと、こういう大胆さも身に付くのだろうか

…んどがアメリカ人で日本人観光客
…ヌルマニ

ニューヨークに日本人の女の子を抱えるコールガール業者「HANABI」があり、そこで呼んでみたのが彼女だ。23才、留学半年の彼女は現地のフリーペーパーでこのバイトを見つけたんだそうな。

ちなみに、他業者ではいくら日本人を謳っていても、来るのは韓国系ばかりだと知っておこう。

…ガール!?
…な笑顔は
ひろみ似

若い日本人を連れ出せるなんて!と、誰もが目を疑った

99年2月号
「顔見せホテトルで二十才のオネーチャンをテイクアウト」

「裏モノJAPAN」編集部が潜入・激写した
エロと犯罪の決定的瞬間!
ニッポン裏200景

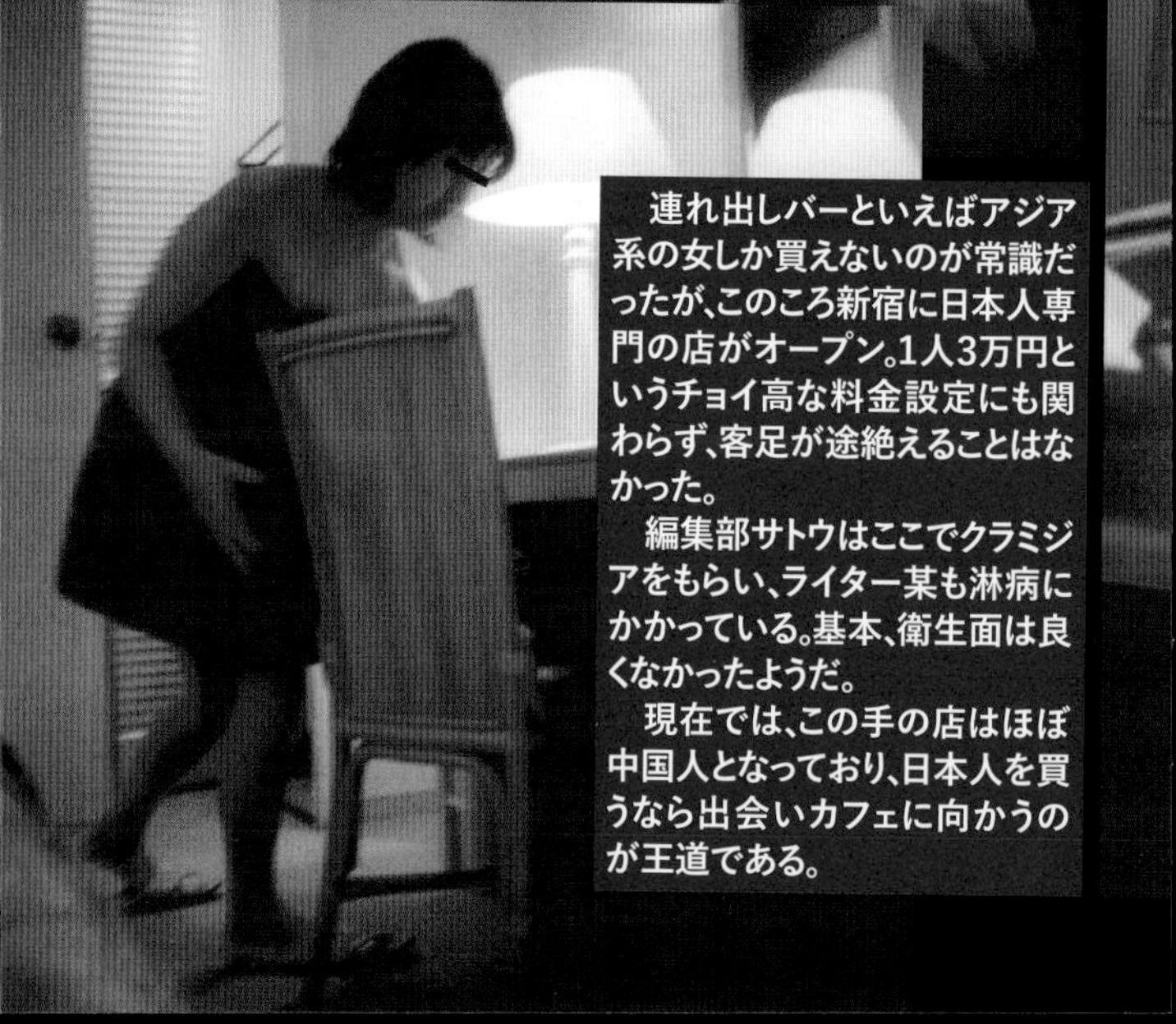

連れ出しバーといえばアジア系の女しか買えないのが常識だったが、このころ新宿に日本人専門の店がオープン。1人3万円というチョイ高な料金設定にも関わらず、客足が途絶えることはなかった。

編集部サトウはここでクラミジアをもらい、ライター某も淋病にかかっている。基本、衛生面は良くなかったようだ。

現在では、この手の店はほぼ中国人となっており、日本人を買うなら出会いカフェに向かうのが王道である。

99年4月号
「なぜこんなところに飾り窓の女が!?」

ちょんの間が輝いていた時代があった

「裏モノJAPAN」
編集部が潜入・激写した
エロと犯罪の
決定的瞬間!
ニッポン裏200景

川崎・堀之内のちょんの間街は09年の一斉摘発以降も細々と営業しているようだが、かつてはこんなにも華やかだった。中国やタイからの出稼ぎ嬢が素肌を露出して客を誘っていたのだ。
ただしそのほとんどが偽乳だったことはあまり知られておらず、硬いゴムマリのような感触に失望した男は数知れない。

99年3月号
「観るのもいいけどヤラなきゃ損ソン！」

マナ板ショーがまだ公然と行われていた

今はなき、新宿西口のOS劇場で行われていたマナ板ショーの模様だ。じゃんけんに勝った者だけが衆人環視の中、ステージで踊り子と本番でき、負けた者は奥の個室で別料金を払って一発ハメるという、完全に違法なシステムであった。

99年12月号
「東京・新大久保に相互鑑賞のできるラブホテルがあった!」

「裏モノJAPAN」編集部が潜入・激写した
エロと犯罪の決定的瞬間!
ニッポン裏200景

オーナーの趣味で相互鑑賞が可能に?

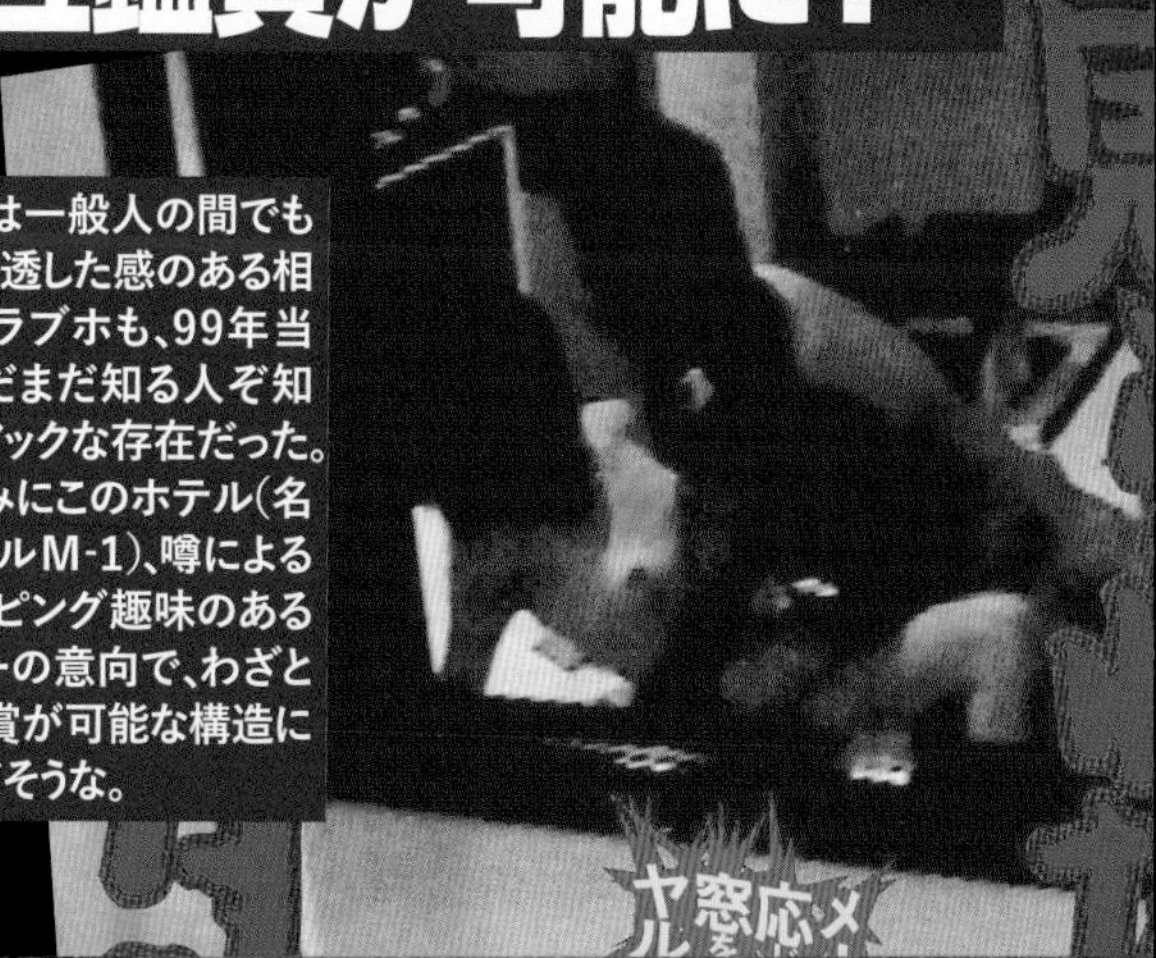

今では一般人の間でもわりと浸透した感のある相互鑑賞ラブホも、99年当時はまだまだ知る人ぞ知るマニアックな存在だった。

ちなみにこのホテル(名称・ホテルM-1)、噂によるとスワッピング趣味のあるオーナーの意向で、わざと相互鑑賞が可能な構造にしたんだそうな。

新宿に突如現れた ハプバー1号店

01年11月号
「ハプニングバーでぐっちょん！ぐっちょん！」

「裏モノJAPAN」
編集部が潜入・激写した

エロと犯罪の決定的瞬間!
ニッポン裏200景

酒を飲みながら客同士がセックスや乱交を楽しめるハプニングバー。今や誰でもその名称を知る存在になったが、当時、新宿に突如現れたこの「グランブルー」がハプバーの元祖だった。

その後、全国に類似店が続々と増えていき、過激な店舗が狙われて摘発を受けながらも、ハプニングバーという名前は定着。店内でセックスすることは「ハプる」と動詞化されるまでになった。

ナンバープレートの「1」が「0」に変わった！

「裏モノJAPAN」編集部が潜入・激写した
エロと犯罪の決定的瞬間!
ニッポン裏200景

取材場所はラブホの一室だった。よくもこんな場面を見せてくれたものだと、今さらながら思う。

作業は驚くほど手際よく、自動車窃盗団からひっきりなしに依頼が舞い込むというのも納得の出来だった。

（編集部／佐藤）

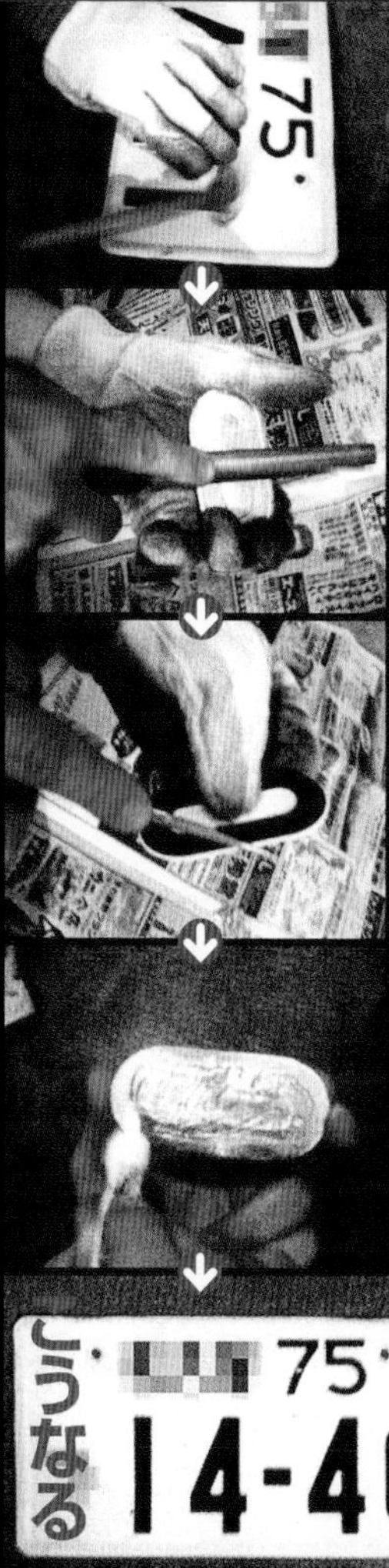

騒音が出るため、作業にはラブホの一室が使われる

今回は「1」の上に「0」を貼り付けているが、偽造グループは「・」の上に他数字を貼ることが多い。2桁、3桁のナンバープレートが盗まれやすいのはそのためである

普段から携帯しているパーツの完成品。6や9などでは、下の数字を隠すことができない

日本一の技術とは…もの
なのか。増加し続け…難事
件の影に潜む、プロフ…の腕
とは?
鞄からヤスリ、金槌…ことを
取り出した彼は、黙々…いた。
手馴れた動きは熟練…。
およそ1時間後、新…ーが
生まれた。こいつもま…的の
ために誰かに買われ…
なお、掲載した写…性の
一部であり、解説も排…事を
見て真似ることはも…たし、
トライするだけでも…
触する。決してバカ…
は起こさぬよう。

04年7月号
「潜入！ 偽造ナンバープレート制作現場」

02年8月号
「素人デブ専パーティ実況リポート」

どこを見ても肉、肉、肉

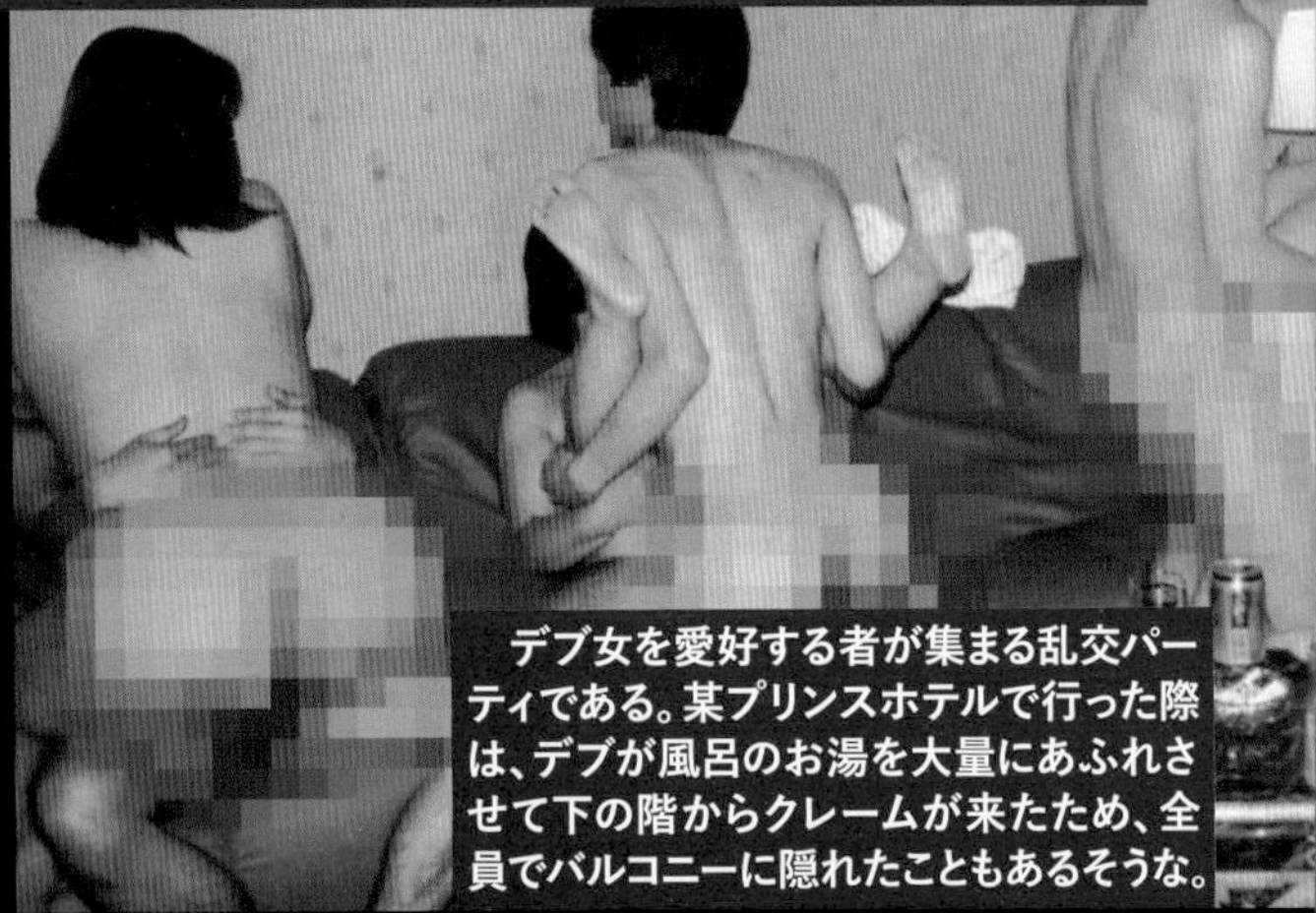

デブ女を愛好する者が集まる乱交パーティである。某プリンスホテルで行った際は、デブが風呂のお湯を大量にあふれさせて下の階からクレームが来たため、全員でバルコニーに隠れたこともあるそうな。

「裏モノJAPAN」編集部が潜入・激写した
エロと犯罪の決定的瞬間!
ニッポン裏200景

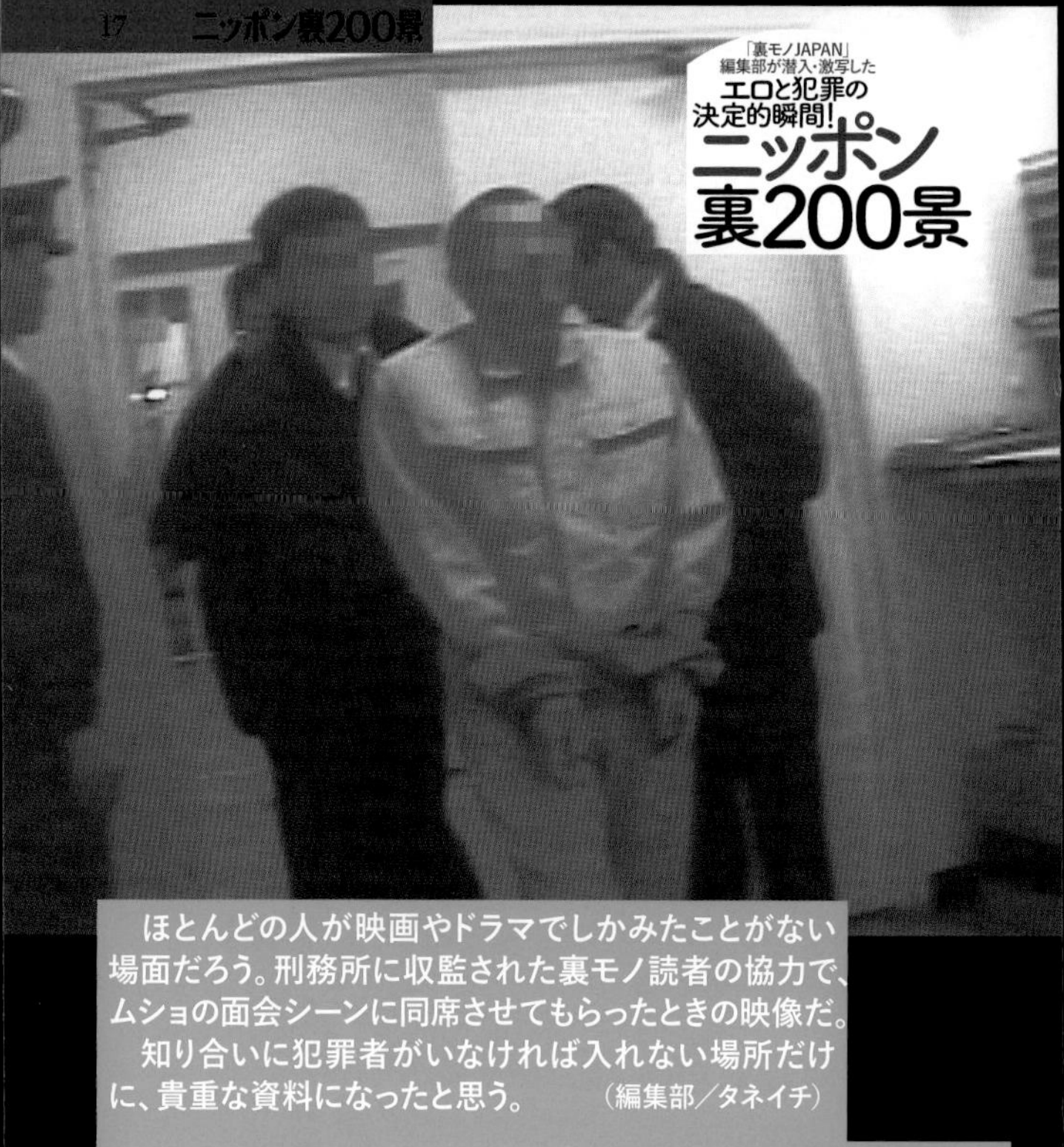

ほとんどの人が映画やドラマでしかみたことがない場面だろう。刑務所に収監された裏モノ読者の協力で、ムショの面会シーンに同席させてもらったときの映像だ。

知り合いに犯罪者がいなければ入れない場所だけに、貴重な資料になったと思う。　　（編集部／タネイチ）

ムショの読者さん ご協力ありがとうございました

07年6月号
「刑務所の面会」

駅前にそびえ立つ変態カップルのメッカ

アキバのランドマークでもあるアダルトショップ「エムズ」には、オープン当初から変態カップルがわらわらと出没し、とりわけビギナー向けの露出スポットとして活況を呈していた。

現在は、露出カップルのみならず、痴漢プレイ目当ての男たちや、エロ外国人観光客までもが跋扈している。

「裏モノJAPAN」
編集部が潜入・激写した
エロと犯罪の
決定的瞬間!

ニッポン裏200景

池袋北口、線路沿いのあのラブホである。窓の様子がよく見えるのは、線路の反対側、ボウリング場の従業員用階段からで、当時は大きな望遠レンズをかまえたマニアも現れた。

向かいのボウリング場に覗きマニア襲来

07年10月号
「池袋に見せたがりカップル御用達ラブホがあった!」

「裏モノJAPAN」
編集部が潜入・激写した
エロと犯罪の
決定的瞬間!
ニッポン
裏200景

裏DVD屋が堂々とオープンしていた時代

ひと昔前、歌舞伎町には裏DVDの販売店舗が堂々と存在した。その後、大規模な摘発を幾度となく受け、数こそ激減したものの、いくつかの店は今なお細々と営業を続けている。

千円が100万になる4号機が打てた

08年5月号
「シビれる『4号機』がズラリ！ 都内繁華街に闇スロット屋が増殖中」

「裏モノJAPAN」
編集部が潜入・激写した
エロと犯罪の
決定的瞬間！
ニッポン
裏200景

ギャンブル性の高さから当局の規制を受け、店から姿を消したスロット台、通称『4号機』。が、新宿、渋谷、池袋などの繁華街では、その4号機をひそかに楽しめる違法店が続々とオープンし、世間のスロッターたちを虜にした。わずか千円で100万以上の大連チャンが出る一方、呑まれるスピードも尋常ではなかった。

いくら見ても飽きない 飛田新地の美女軍団

ちょんの間の代名詞といえば、なんと言っても飛田新地だ。中でも若くてカワイイ子が目白押しの青春通りでは、一時期、女の子たちの客寄せ手法がちょっとした話題に。客が前を通るたびに足を開いてパンティをチラチラ。それを見て吸い込まれるように店へ入っていく冷やかしの男たち。まったく、いい手を考えたものだ。

08年4月号
「露出度さらにエスカレート！ やっぱ飛田はソソるぜ」

「裏モノJAPAN」編集部が潜入・激写した
エロと犯罪の決定的瞬間!
ニッポン裏200景

債務者の自宅前で「マンコ」「中出し」

08年3月号
「編集部・仙頭　2泊3日の債権回収ツアーに同行す」

08年当時でもすでに強引な債権回収はれっきとした違法行為でした。にもかかわらず、同行させてもらった切り取り屋（債権回収業者）のイケイケっぷりといったら。居留守を使う債務者の自宅前で「マンコ!」だの「中出し!」だの、大声で喚き散らすんだから。現在、切り取り屋の彼は貴金属買い取り業者に転身し、何やら羽振り良くやっているんだとか。（編集部／仙頭）

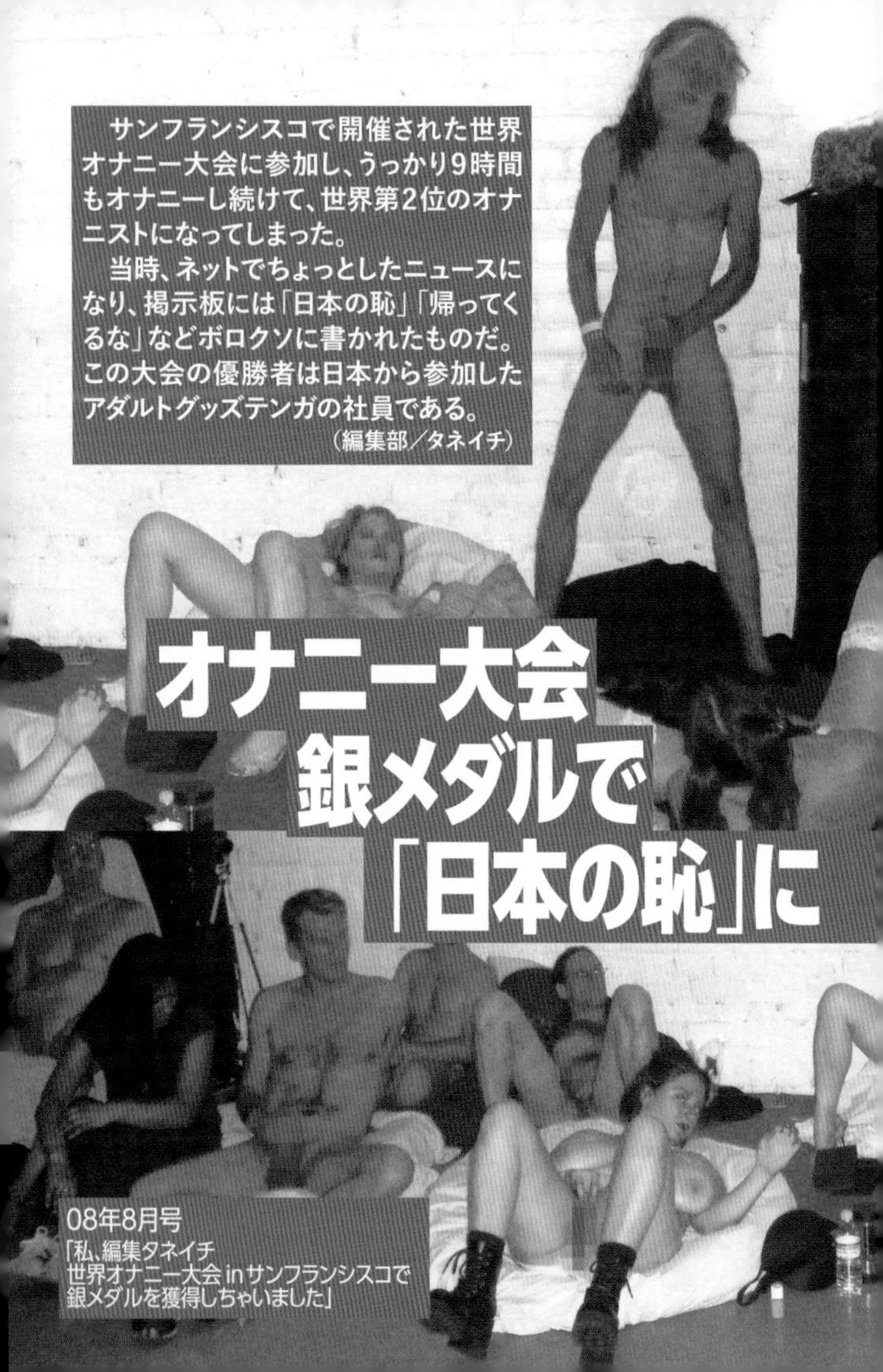

サンフランシスコで開催された世界オナニー大会に参加し、うっかり9時間もオナニーし続けて、世界第2位のオナニストになってしまった。

当時、ネットでちょっとしたニュースになり、掲示板には「日本の恥」「帰ってくるな」などボロクソに書かれたものだ。この大会の優勝者は日本から参加したアダルトグッズテンガの社員である。

（編集部／タネイチ）

オナニー大会 銀メダルで「日本の恥」に

08年8月号
「私、編集タネイチ
世界オナニー大会 inサンフランシスコで
銀メダルを獲得しちゃいました」

「裏モノJAPAN」
編集部が潜入・激写した
エロと犯罪の
決定的瞬間!
ニッポン
裏200景

どうすれば家人(女)がオナニーするか?

09年2月号
「オナラせ屋、最新作お見せします」

民家盗撮の達人が、家人(女)がオナニーするように仕向ける、それが「オナらせ屋」だ。ターゲットの自宅近くにレディコミやエロビデオを置いたり、携帯にエロ動画を送りつけたり、玄関先に新品のバイブやローターを置いたりと、とんでもない技がてんこもりだった。

毎日クンニに明け暮れるドMな青年

クンニブログ「ドMな国田の大冒険」を運営する、舐め犬国田くんのルポだ。彼はクンニシーンを撮影してブログにアップしていて、そのブログを観た女性から新たなクンニ依頼が来るという好循環ができあがり、クンニに明け暮れる日々を送っている人物だ。

現在は恋人ができたせいで活動を自粛中らしい。

10年3月号
「ながらクンニで余裕をかます女たち」

あのエリアの中国人は極めて怪しい

10年8月号
「東京・上野　昏睡ぼったくりバーの恐るべき手口」

うさん臭い雰囲気がプンプンの上野広小路で横行していたのが、昏睡ぼったくりバーだ。来店した客のスキを見て、睡眠薬を口の中に無理矢理投薬する大胆な犯行だ。

現在でもこの付近はドラッグの密売が多く、悪質なキャッチもタムロしている。気を付けた方が賢明だ。

「裏モノJAPAN」
編集部が潜入・激写した
エロと犯罪の
決定的瞬間!
ニッポン
裏200景

村中どこもかしこも
マンコ&おっぱいだらけ

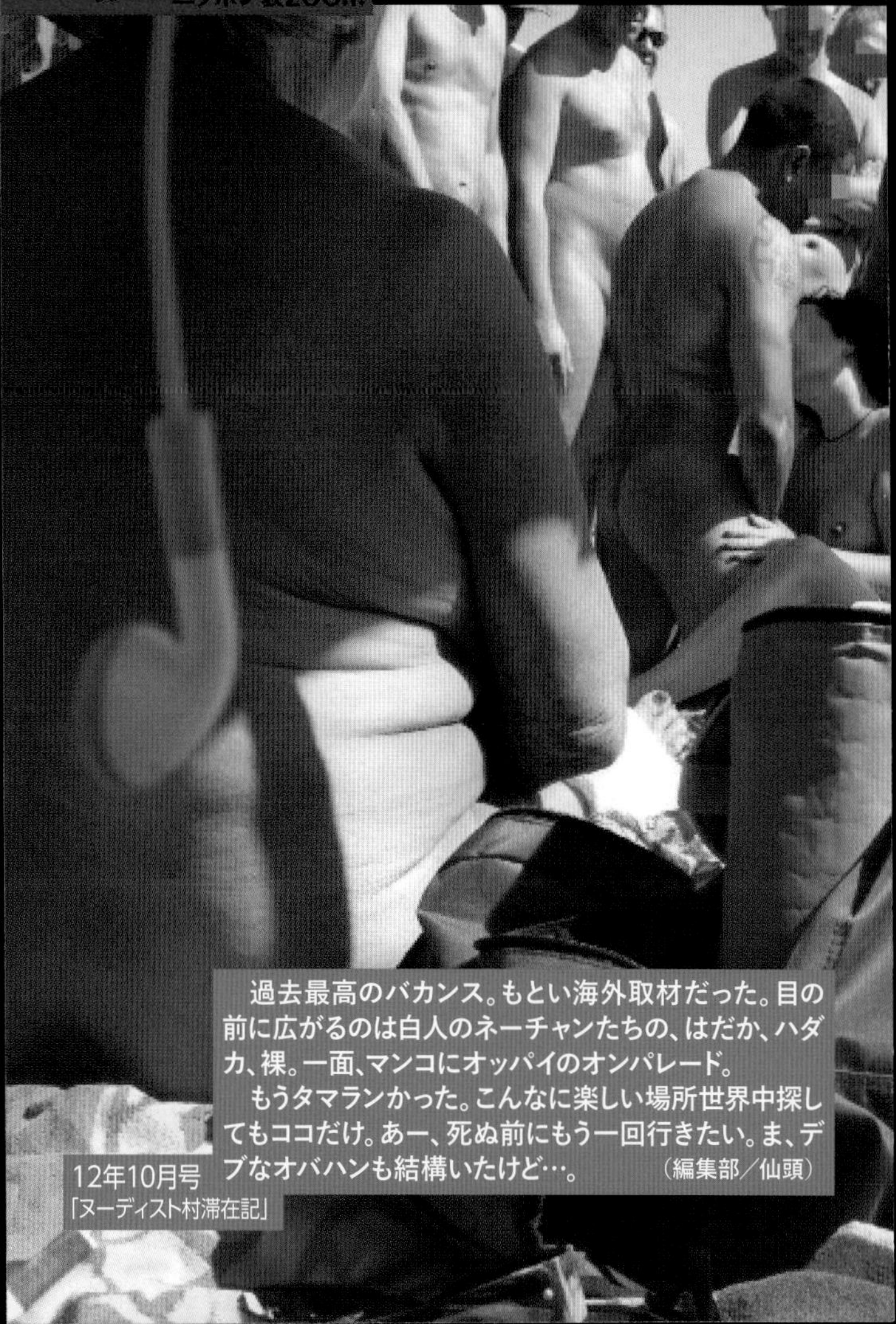

過去最高のバカンス。もとい海外取材だった。目の前に広がるのは白人のネーチャンたちの、はだか、ハダカ、裸。一面、マンコにオッパイのオンパレード。

もうタマランかった。こんなに楽しい場所世界中探してもココだけ。あー、死ぬ前にもう一回行きたい。ま、デブなオバハンも結構いたけど…。　（編集部／仙頭）

12年10月号
「ヌーディスト村滞在記」

好き放題やってる歌舞伎町のキャッチたち

歌舞伎町のキャッチといえば、ボッタクリ店に連れて行くのが定番だが、数年前までえげつない勧誘が行われていた。なんと、熱海の未成年の乱交パーティに参加できる権利が交通費含めて5万円。もちろん大ウソだが、引っかかる男が大勢いた。（編集部／仙頭）

I

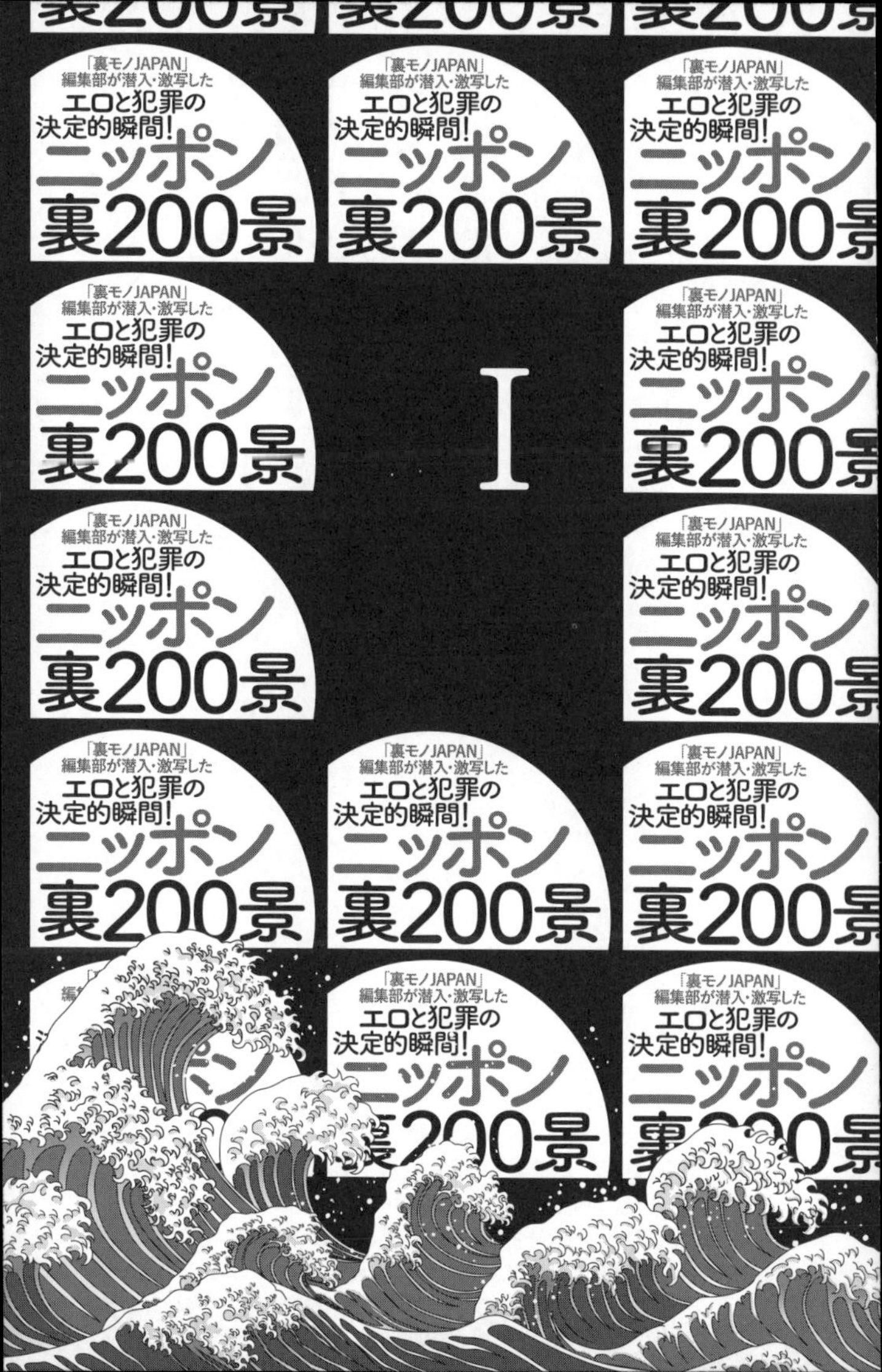

温泉コンパニオンにしては可愛すぎるでしょ！

11年4月号

「こんなハイレベルの温泉コンパニオンがいてもいいのか！」

日本一ハイレベルな温泉コンパニオンがいる宿に遊びに行く。過去、これ以上楽しい取材はなかったと言えるぐらい楽しい仕事だった。温泉コンパニオンと言えば、オバハンや地元のヤンキー娘がやってくるのがお約束だが、ここは本当にハイレベル。この宿は今も人気だ。　（編集部／タネイチ）

エンコー美人写メは援デリ業者で確定

写真と同じ美人がやってくるのか。淡い期待を胸に出会い系でアポを取る。しかし、待ち合わせ場所にやってくるのは、似ても似つかぬブス女どもだ。

援デリ業者の常套手段は、今もなお続いている。断言する。アダルト出会い系の美人写メはすべてウソだ。

12年1月号
「サギ写メ援交女はアポ時にどんな言い訳をするのか?」

『裏モノJAPAN』編集部が潜入・激写した
エロと犯罪の決定的瞬間!
ニッポン裏200景

ガールズバーが過激さを競い合う

12年5月号

「いつも超満員！ スケベ系ガールズバーってどこまでできるの」

　昔は良かった。なんて、ジジくさいことは言いたくないが、ガールズバーがこぞって過激さを競い合ってたあのころを思い出すと、やはり一抹の寂しさはある。

　下着姿で歩き回るオネーチャンを肴に、あるいはスカートめくりしながら酒を飲むのが、あんなにも楽しいものだったとは！

（青木ヶ原ジュリー／リポーター）

バーで堂々と合ドラが買えるなんて

2000年の初め、合法ドラッグは、シャブや大麻などと効果がまったく同じなのに絶対にパクられないドラッグとして爆発的に日本中に広がった。そのころ、歌舞伎町や池袋などの一角で営業していたのが、この合ドラバーだ。

バーでドラッグが買えるという世界的に見ても珍しいシステムだったが、事件や事故が多発したおかげで国の規制を受け、このバーもひっそりと消えていった。

「裏モノJAPAN」編集部が潜入・激写した
エロと犯罪の決定的瞬間!
ニッポン裏200景

12年5月号
「合ドラバーで、ラリった女子を引っかける」

「裏モノJAPAN」
編集部が潜入・激写した
エロと犯罪の
決定的瞬間!

ニッポン裏200景

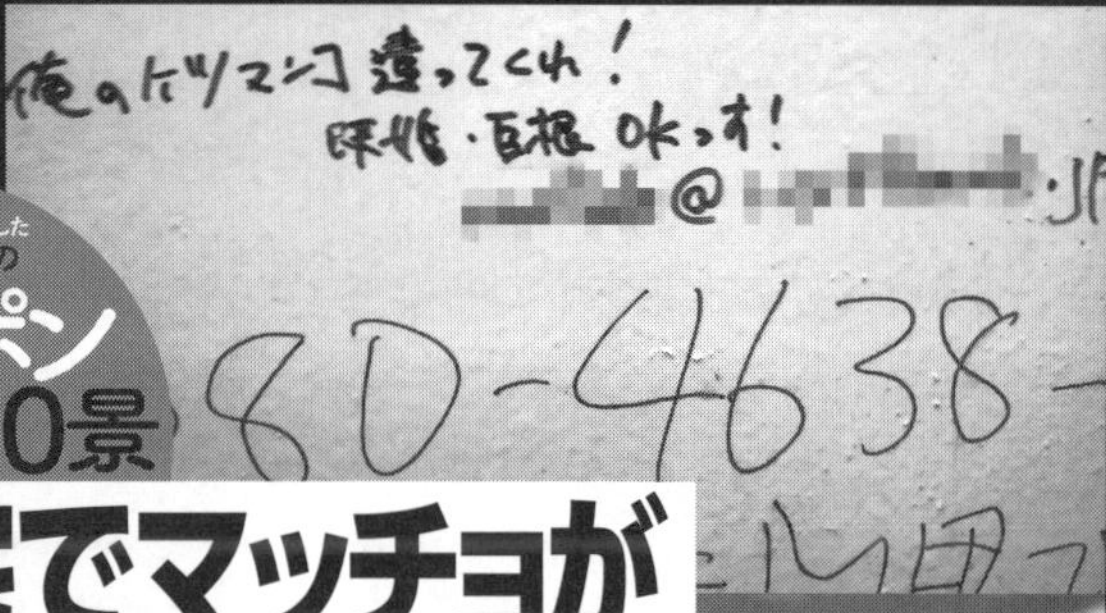

自宅でマッチョが正座して待っていた

12年8月号
「男子トイレのホモ落書きはどんなアニキが書いてるんだ?」

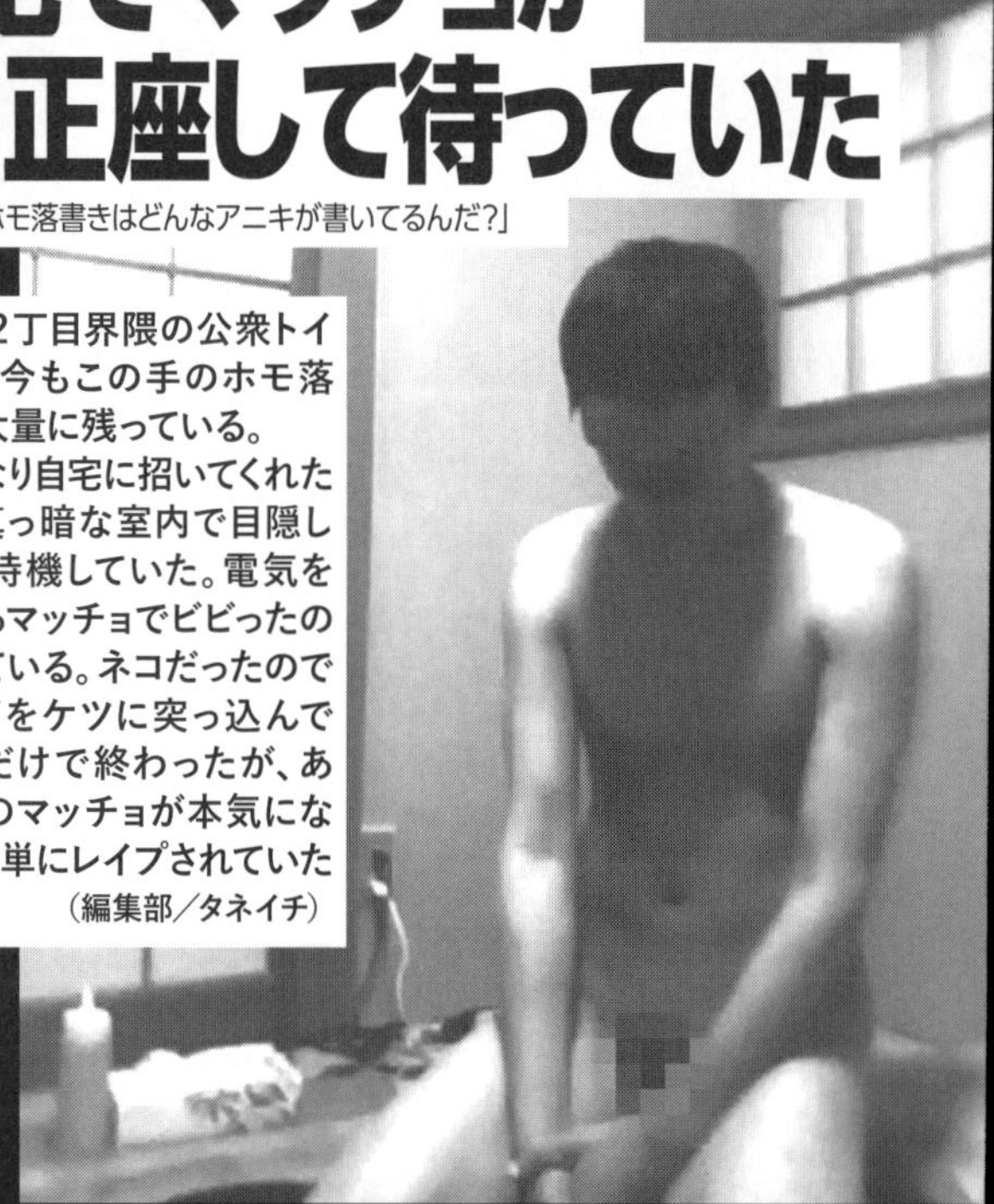

新宿2丁目界隈の公衆トイレには、今もこの手のホモ落書きが大量に残っている。

いきなり自宅に招いてくれた男は、真っ暗な室内で目隠し正座で待機していた。電気を点けたらマッチョでビビったのを覚えている。ネコだったのでディルドをケツに突っ込んでやっただけで終わったが、あれだけのマッチョが本気になれば、簡単にレイプされていただろう。　（編集部／タネイチ）

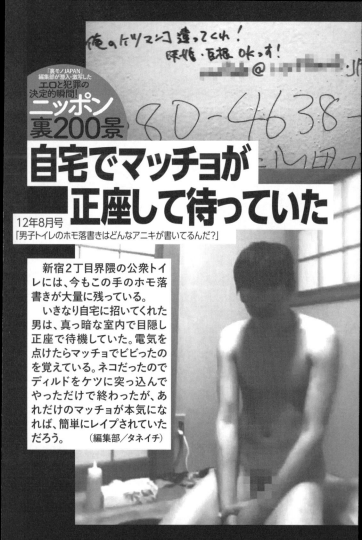

生意気エンコー女をド淫乱に変身させたクスリ

13年9月号

「合ドラは生意気エンコー女も淫乱にさせるのか」

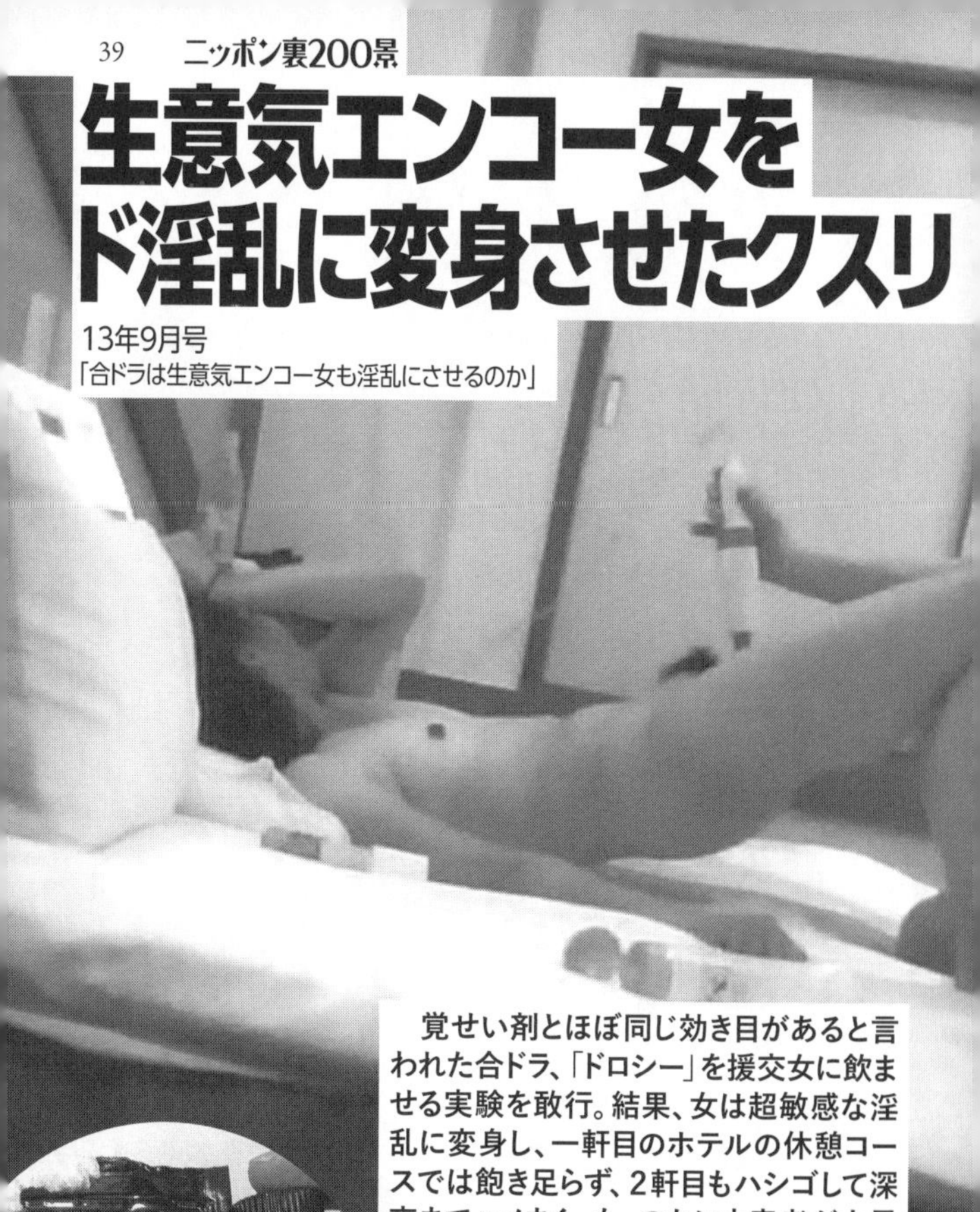

覚せい剤とほぼ同じ効き目があると言われた合ドラ、「ドロシー」を援交女に飲ませる実験を敢行。結果、女は超敏感な淫乱に変身し、一軒目のホテルの休憩コースでは飽き足らず、2軒目もハシゴして深夜までハメまくった。のちに中毒者が大量発生したのも納得の強烈体験だった。

この記事を真似たかどうかはわからないが、その後、援交女にドロシーを大量に飲ませ、死亡させるという痛ましい事件が起きている。　（棚網キヨシ／フリーライター）

「裏モノJAPAN」編集部が潜入・激写した
エロと犯罪の決定的瞬間!
ニッポン裏200景

14年4月号
「自宅ワリキリ女のお部屋拝見!」

買春オトコを自宅に招くズボラな女

出会い系サイトには、見ず知らずの男を自宅に呼んでエンコーしようとする女たちがいる。リスクを顧みず、買春男を自室に招き入れる女たちとはどんなものか調査した結果、外で待ち合わせるのが面倒なだけだと判明。単にズボラな人種だったわけだ。やはりというか、体型にもズボラさがにじみ出ていた。　（編集部／タネイチ）

14年6月号
「男の格好をした女 オナベとSEXしてみたい」

オナベのクリトリスは小指ほどもあった

オナベとのセックスは、それそのものが異常な体験ではあったものの、この企画を通してもっとも感銘を受けたのは、男性ホルモンの威力です。

男性ホルモンを日常的に体内に取りこむことで、オナベのクリトリスは大人の小指大にまで肥大し、性欲もヤリチン男子並みに増大しちゃうんですって。実際、彼女たちも言ってました。「頭の中は常にセックスのことしかないんっスよね」

（菅原ぽん太／リポーター）

14年9月号

「風変りな見学部屋を調査せよ」

なんちゃってJKの尻を眺める見学店

JK見学店。最近はめっきり減ったが、池袋にあったこの店は、なんちゃってJKのパンツの下に潜り込んで、尻の弾力を近くで眺めることができた。

JKコスの風俗といえば、今ではリフレが主流だが、都内には数件の見学店が残っている。

「裏モノJAPAN」
編集部が潜入・激写した
エロと犯罪の
決定的瞬間!
ニッポン
裏200景

500円で買えるハト婆さんの手コキを味わう

ハト婆さんという500円で売春している浅草の名物婆さんに会いに行き、意外にガッシリとした手で手コキしてもらった。ちなみに浅草にはハト婆さんのほかにも名物売春婆と呼ばれる人が複数いて、後日、それらの婆さんたちにも会いにいっている。（編集部／タネイチ）

14年4月号
「浅草の公園に暮らす
500円売春バアさんを買ってこい」

中年の家出おばちゃんばかりが寝泊まりしているネットカフェに潜入し、その生態を調査した。出所したばかりとか生活保護の受給者がいたのはわかるが、ツーショットのサクラを生業にしているオバサンがやたらと多かったのは謎だ。つい弱みにつけ込んで3千円で手コキをお願いしてしまったのは反省している。　（編集部／タネイチ）

オバサンたちが寝泊まりする格安ネットカフェ

15年6月号
「東京・吉祥寺　家出おばちゃんが集まる漫画喫茶24時」

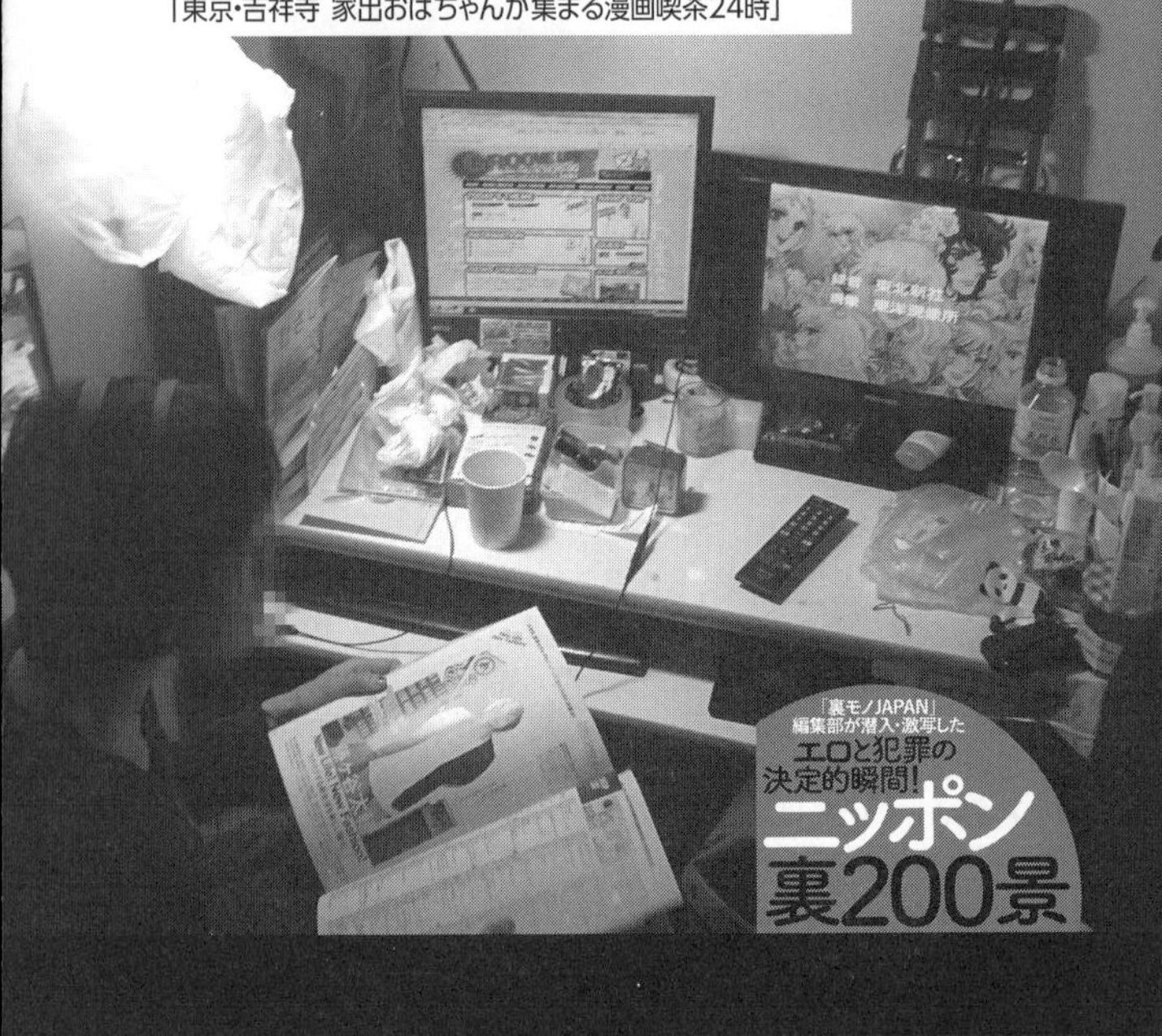

「裏モノJAPAN」編集部が潜入・激写した
エロと犯罪の決定的瞬間!
ニッポン裏200景

15年2月号

「元AKBの●●に手コキ風俗で
チンコをニュルニュルされてきました」

元AKBが手コキしてくれるお店があった

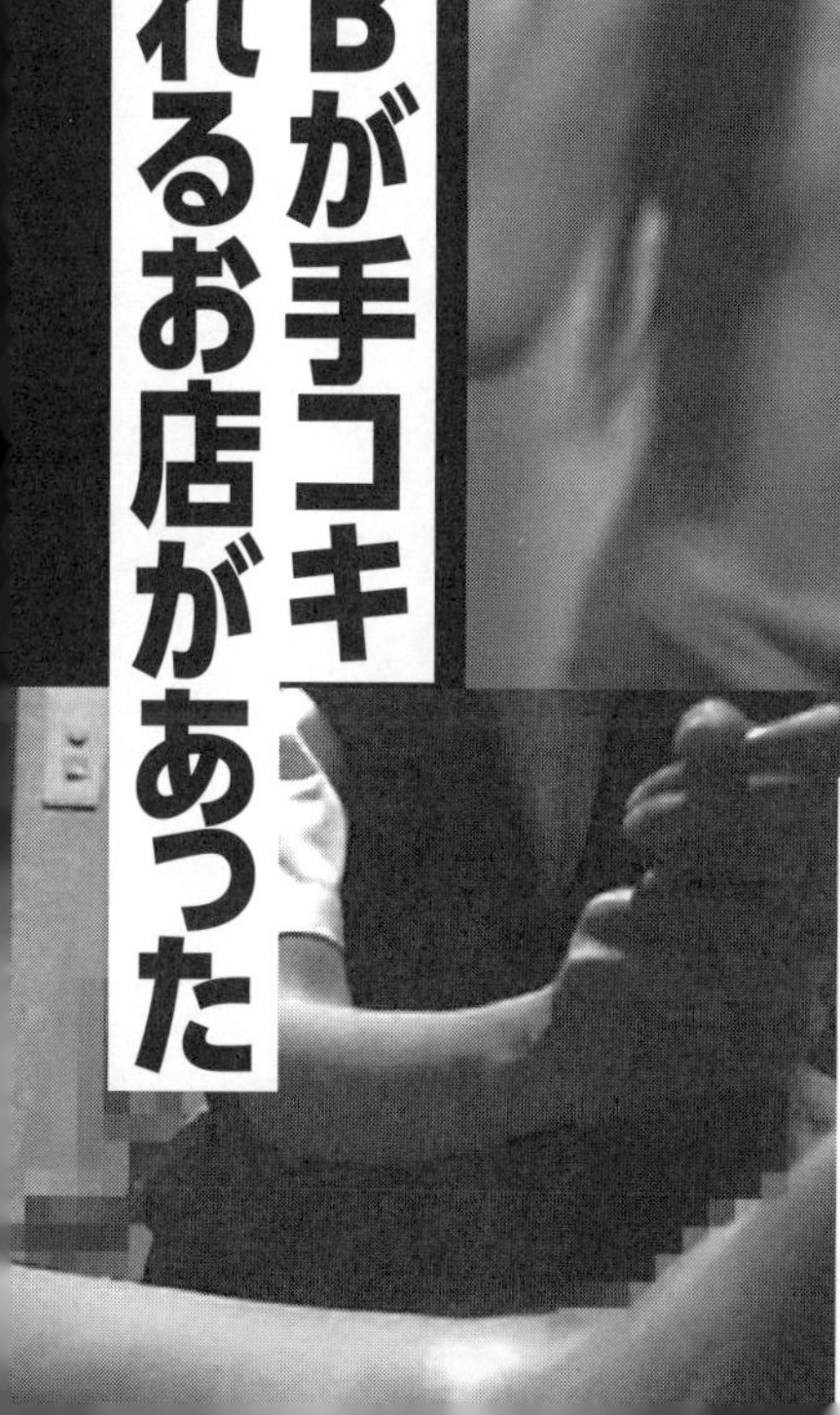

AKBグループからAV女優に転身したケースは多いが、手コキとはいえ風俗嬢になった女は珍しい。

本誌掲載後、彼女はフライデーの記者にも直撃され、まもなく店を辞めている。

ビーチはホモで溢れていた

15年10月号
「ホモビーチの夏」

このころ、女装子絡みの潜入取材ばかりしていた流れで、ホモ関係のネタもほとんど私が担当するようになっていた。
有名なハッテンホモビーチを訪れ、見学に来ただけのホモ大学生やホモ外国人、ガテン系ホモ職人などと波間でジャレ合い、出会いの夏を堪能した。（編集部／タネイチ）

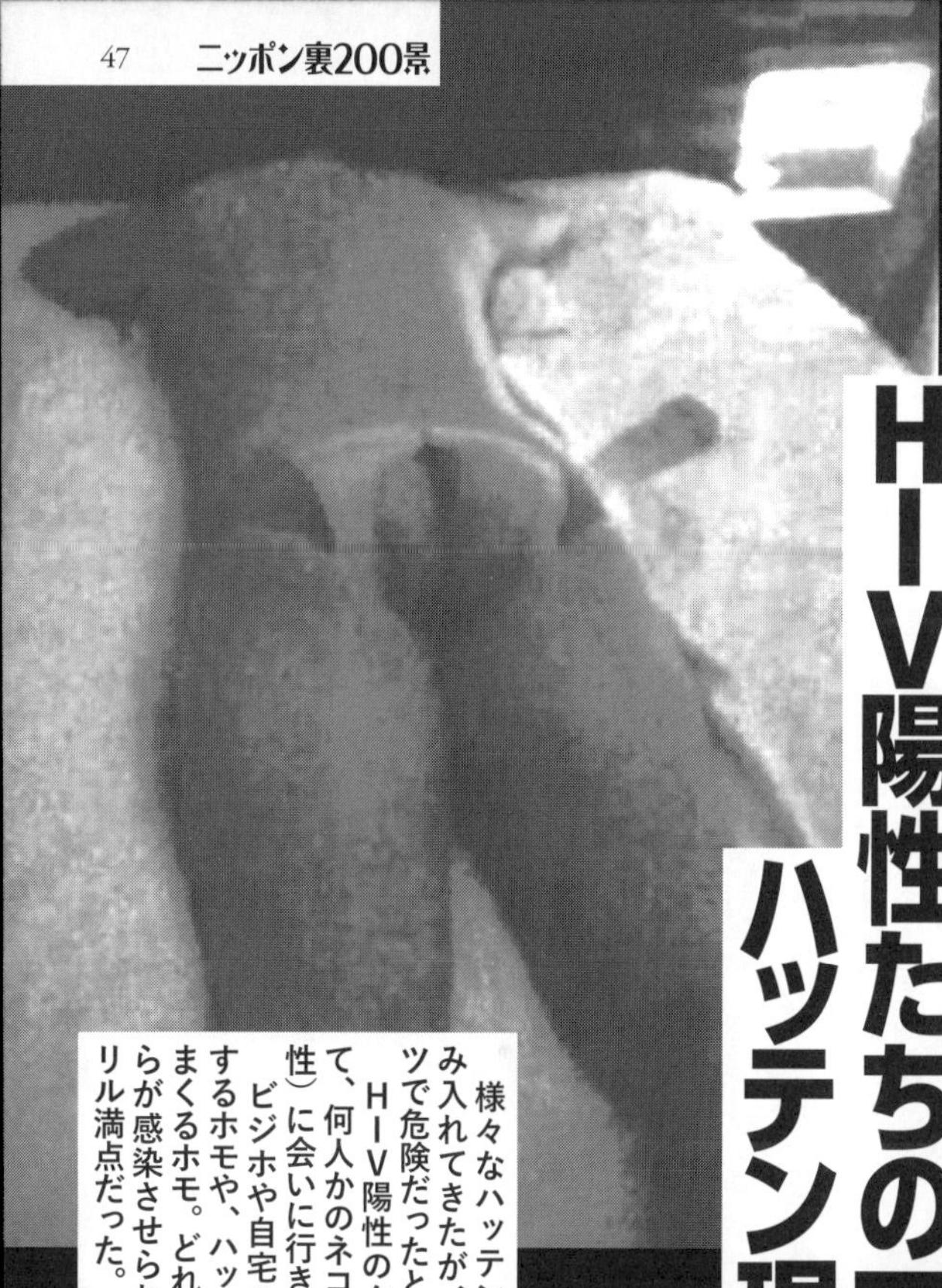

HIV陽性たちのハッテン現場

16年3月号
「ポジマン淫タビュー」

様々なハッテンスポットに足を踏み入れてきたが、この企画がダントツで危険だったと思う。

ＨＩＶ陽性のタチホモになりきって、何人かのネコホモ（みなＨＩＶ陽性）に会いに行き、インタビューした。

ビジホや自宅の一室で目隠し待機するホモや、ハッテンサウナで掘られまくるホモ。どれも一歩間違えばこちらが感染させられてしまうだけにスリル満点だった。

（編集部／タネイチ）

セフレ探しの場に人妻がわんさか！

16年9月号
「既婚者限定合コンの2番人気●ラクコンもやっぱりオイシかった！」

既婚者限定の合コンとはつまり、合コンに参加した時点で浮気願望アリということ。なので、話の早いセフレ探しの場ということになる。

ちなみにこの日知り合った人妻さんは、後日、別の男性参加者が裏モノの記事を見つけて本人に教えてしまい、ひどく怒られることに。（編集部／タネイチ）

「裏モノJAPAN」編集部が潜入・激写した
エロと犯罪の決定的瞬間！
ニッポン裏200景

16年8月号
「居酒屋の客引きはどんなステキな店に案内してくれるのか」

歌舞伎町セントラル通りのキャッチが連れていく店

少々高いが文句を言うほどでもない「プチぼったくり」は、現在も歌舞伎町で流行中だ。

個室と聞いたのに店内の仕切りは暖簾一枚だけ、注文した酒はジュースかと思うほど薄く、挙句サービス料として10%を請求してくる。キャッチが多いのは、セントラル通りだ。　（編集部／仙頭）

以前から障害者とセックスしてみたいと思っていた。このシンプルな欲求を口にすると、大抵の人はドン引きするが、さすが裏モノ編集部は懐が深い。

このときは運良くヤリモクの女性とカップリングできたので後腐れはなかったが、同じ障害者マニアの知人によれば、彼女たちは出会いが少なく、一度恋仲になった男とはドロドロの関係になりやすいそうだ。

（棚網キヨシ・フリーライター）

障害者と出会えるカップリングパーティ

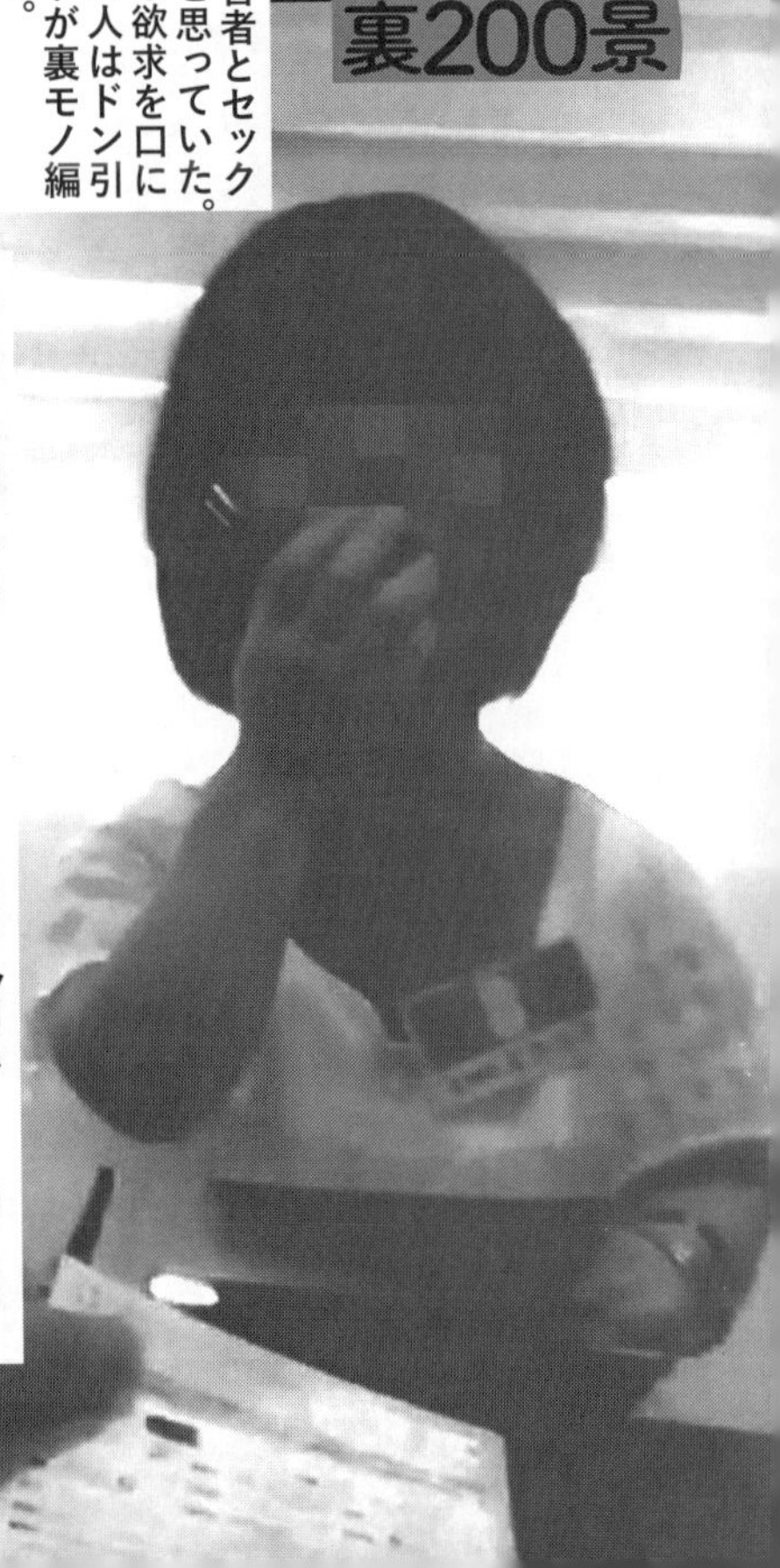

16年5月号

「障害者パーティでヤリモクさんと出会った話」

埼京線のチカンされたがりちゃんが奴隷になりました

15年6月号
「毎週末、埼京線「上り」にチカンされまくってる女がいるらしい…」

日本一痴漢の多い電車として有名な埼京線に、チカンされまくりの女子が現れる、との怪情報が編集部に持ち込まれた。実際の現場を見に行ったところ、本人が痴漢されたがってる変態女子だと判明。後に彼女は裏モノの連載、「私を奴隷にしてください」の〝しのちゃん〟として誌面に再登場し、色々な調教を受けることになる。

（編集部／タネイチ）

この3人、まるでモデルのようですが本当にいたんです

16年11月号
「ゲイが激しくまぐわう河川敷」

東京都北区にある岩淵水門。ここの河川敷が問題のハッテン場だ。集まる男たちは真っ黒に日焼けしたガチムチのタイプ。ブルーシートを敷いてケツマンコでセックス。写真からも熱気が伝わってくることだろう。

「裏モノJAPAN」編集部が潜入・激写した
エロと犯罪の決定的瞬間!
ニッポン裏200景

ジジイとババアが真剣に恋をするなんて

17年4月号
「中高年出会いパーティはジジババが性欲をぶつけあう場だった!」

70近いジーサン&バーサンが、あれほど真剣に出会いを求めているだなんて。こちらがウロたえるほど、性への関心をむき出しにしてくるなんて。

さすが戦後日本を世界の一等国に発展させてきた世代だけのことはある。あの歳になっても、バーサンの尻をナデながら、嬉しそうにラブホへしけ込むパワーは本当に見習いたいものだ。

（青木ヶ原ジュリー／リポーター）

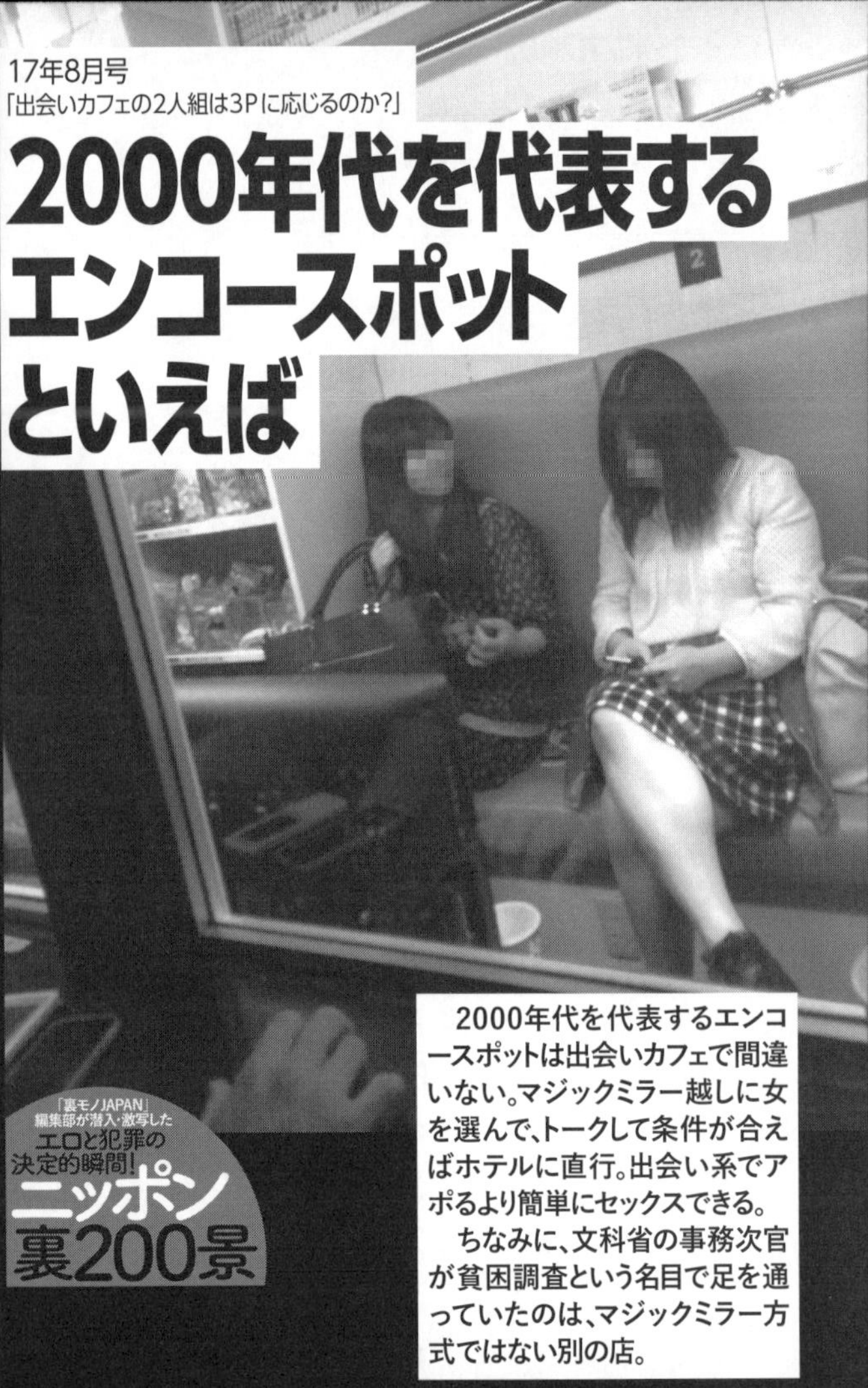

17年8月号
「出会いカフェの2人組は3Pに応じるのか?」

2000年代を代表するエンコースポットといえば

2000年代を代表するエンコースポットは出会いカフェで間違いない。マジックミラー越しに女を選んで、トークして条件が合えばホテルに直行。出会い系でアポるより簡単にセックスできる。

ちなみに、文科省の事務次官が貧困調査という名目で足を通っていたのは、マジックミラー方式ではない別の店。

17年9月号

「歯のないフェラをたっぷり味わう」

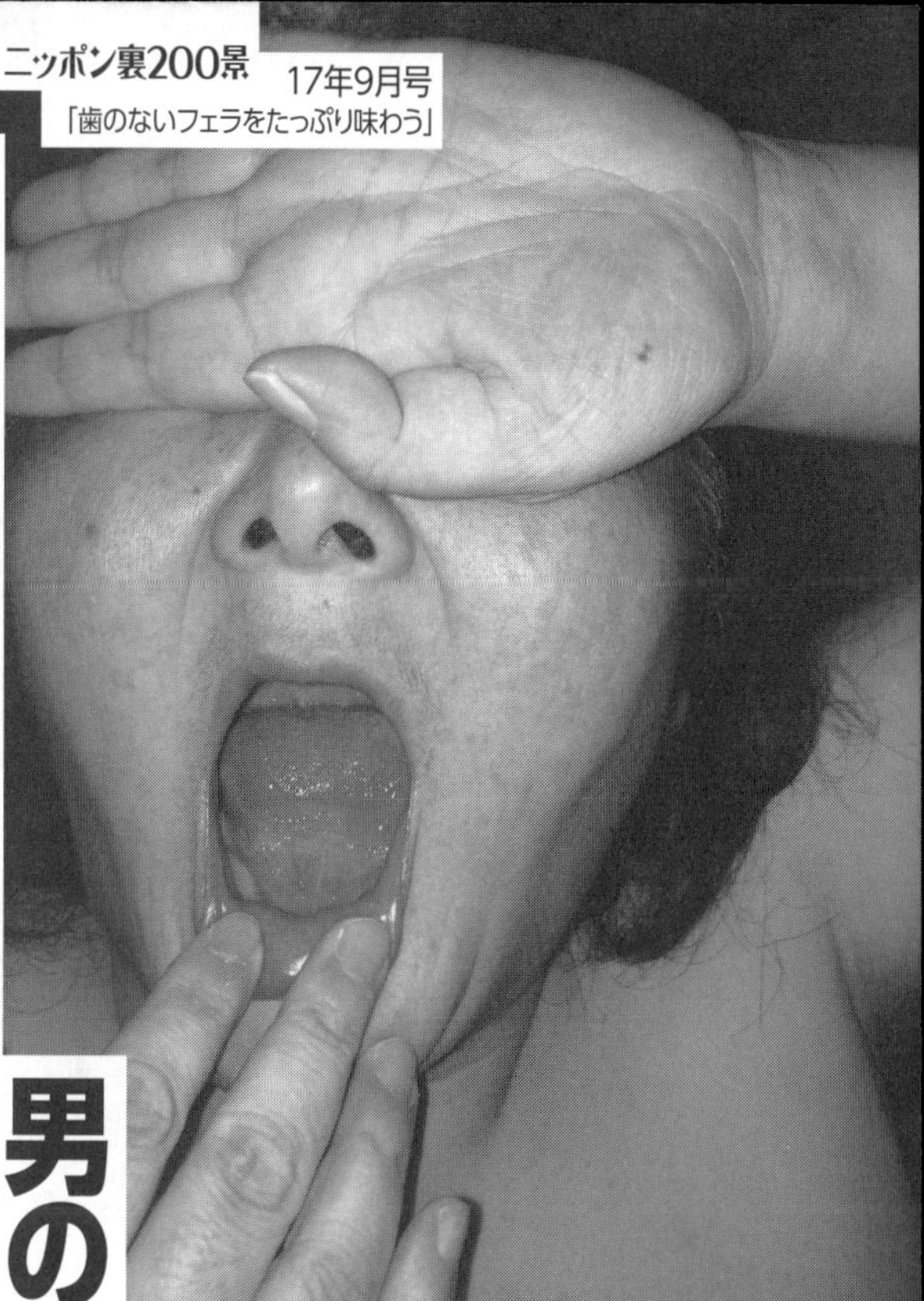

歯を全部抜いたフェラ婆さん

男のために

入れ歯を外したハグキ写真の強烈さもさることながら、彼女の壮絶な半生が凄まじい。男のために自分で医者を探して歯を全部抜くなんて狂気の沙汰だ。その男に捨てられてもケロっと気にしないタフさを見習いたい。

（編集部／仙頭）

18年2月号
「22才、ノンケ野村、老人専用ハッテンサウナに潜入」

ジイさんだって ハッテンしたい！

都内にハッテンサウナは数あれど、ここまでの強烈さは他に類を見ない。もしかすると、平均年齢は世界最高かもしれない。囲碁を打っている爺さんや、時代劇を見る爺さんなど、公民館のような朗らかさがあった。

（編集部／野村）

野ション好きな男どもが獲物を探す

18年6月号
「花見シーズンに蠢く野ションハンターども」

毎年お花見の時期、人気花見スポットの代々木公園ではトイレの数が足りず、女子の野ションが大量発生する。そいつを覗きにくる野ションハンターたちの活動を見せてもらった。

私も何人かの野ションシーンを目撃したが、そこまでハマる理由は正直わからなかった。（編集部／タネイチ）

ホームレスを並ばせるだけで金を生む

取材相手の鈴木氏は、本誌が発売された後、いくつかの雑誌に登場し、最終的にゴールデンタイムのテレビ番組に出演するまでに至った。番組ではモザイクをかけずに出演して、他の並ばせ屋と少々いざこざがあったそうな…。

（編集部／野村）

18年4月号
「並ばせ屋という仕事」

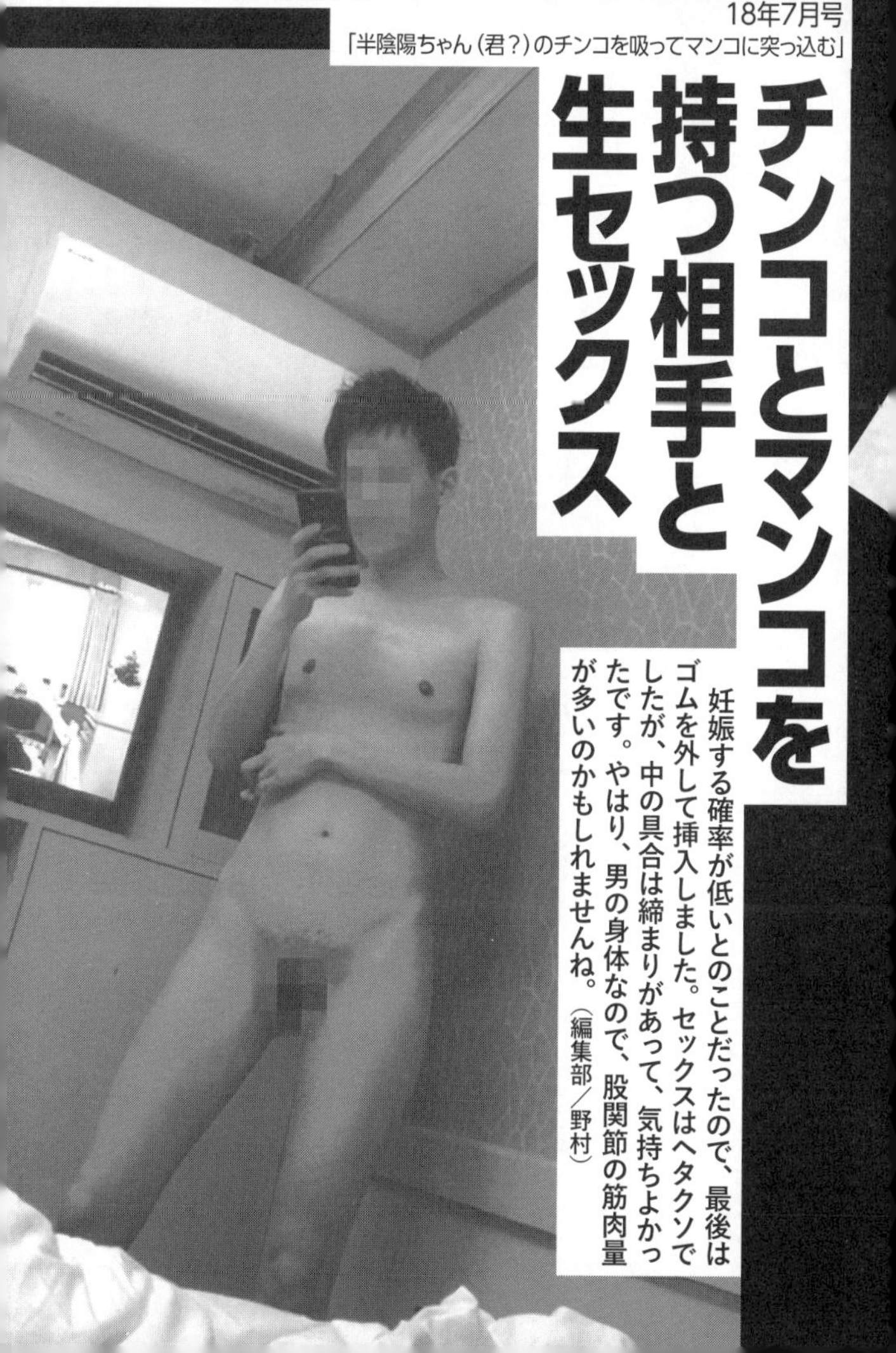

18年7月号

「半陰陽ちゃん（君？）のチンコを吸ってマンコに突っ込む」

チンコとマンコを持つ相手と生セックス

妊娠する確率が低いとのことだったので、最後はゴムを外して挿入しました。セックスはヘタクソでしたが、中の具合は締まりがあって、気持ちよかったです。やはり、男の身体なので、股関節の筋肉量が多いのかもしれませんね。（編集部／野村）

社会現象にまでなった スケスケカメラ

98年12月号
「プールサイドのお母さんは、スケスケ水着ビデオのカメラマン」

当時社会現象にまでなった、ソニーのナイトショット機能。高度な赤外線機能を持つこのカメラはマニアからもいまだに人気がある。試しにヤフオクやメルカリを見てみると、1万円以上の価格で取引されている。20年前の機種とは思えない。プールで使っている輩がいるのかも。

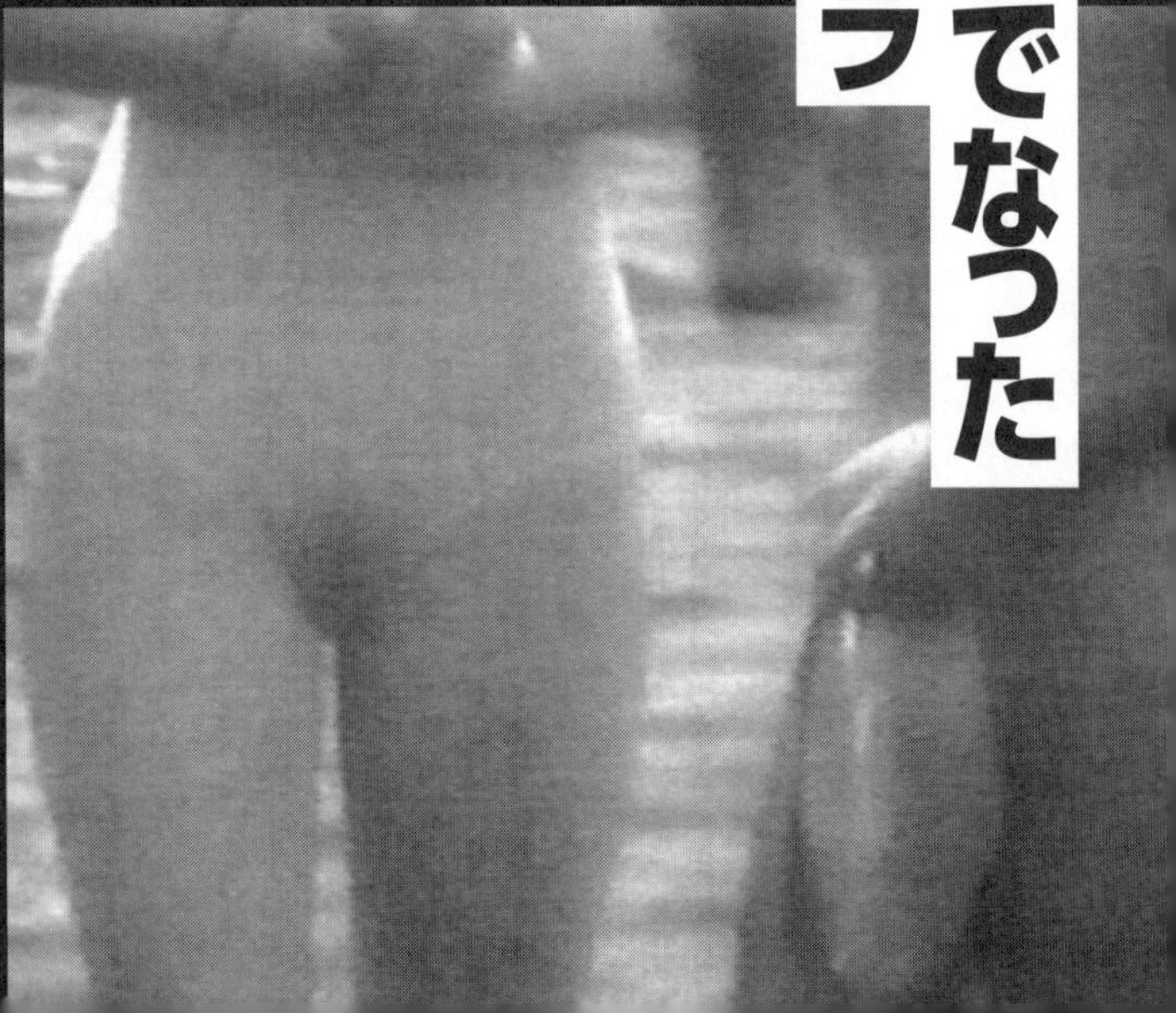

新潟の名物女 創刊号の巻頭を飾る

新潟駅前で、自作の売春勧誘チラシを巻く奇人おばちゃんです。自転車に乗って「年中無休〜」って言いながら配ってるんですよ。もう20年前のことだから、今はさすがにいないでしょう。牧歌的な時代だったんですね。（中山光／リポーター）

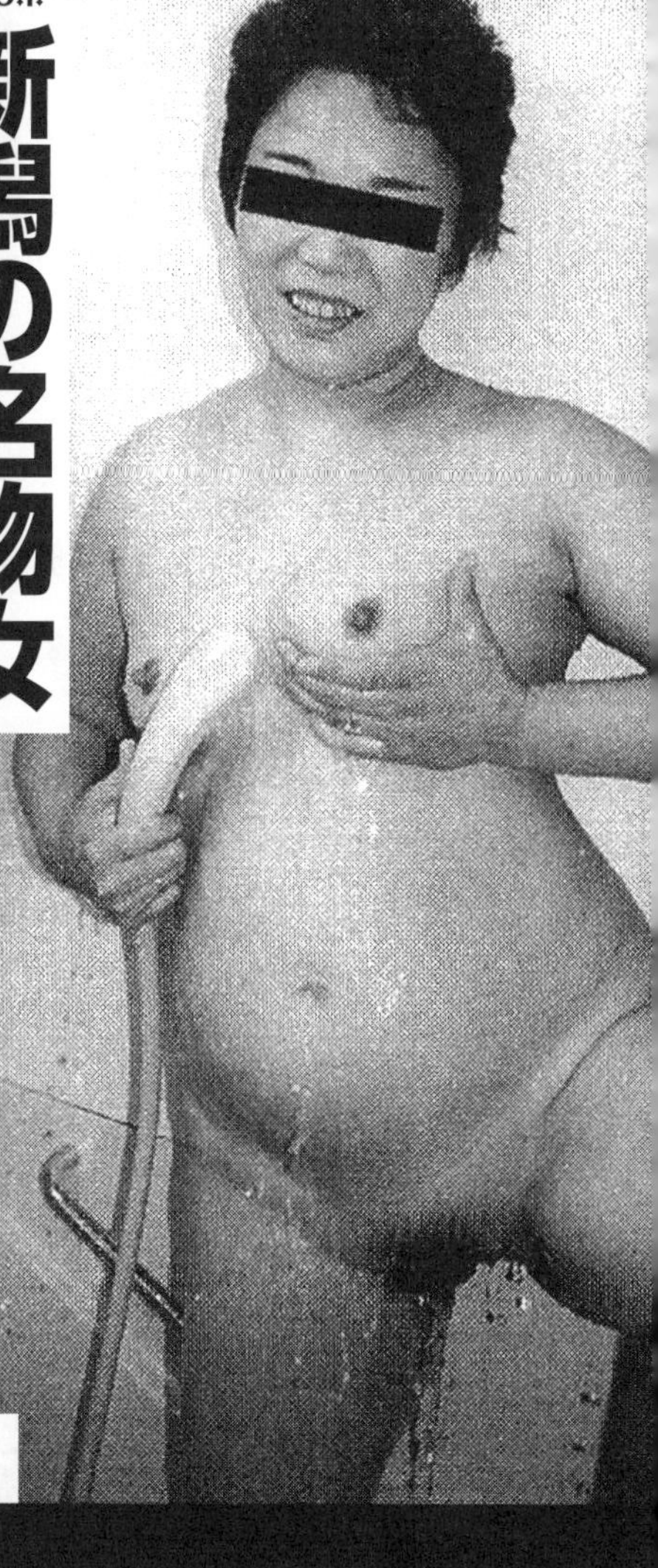

98年12月号
「あげまん慶子に会いに行く」

「裏モノJAPAN」
編集部が潜入・激写した
エロと犯罪の
決定的瞬間!
ニッポン
裏200景

生脱ぎパンツは ルックスで金額が決まる

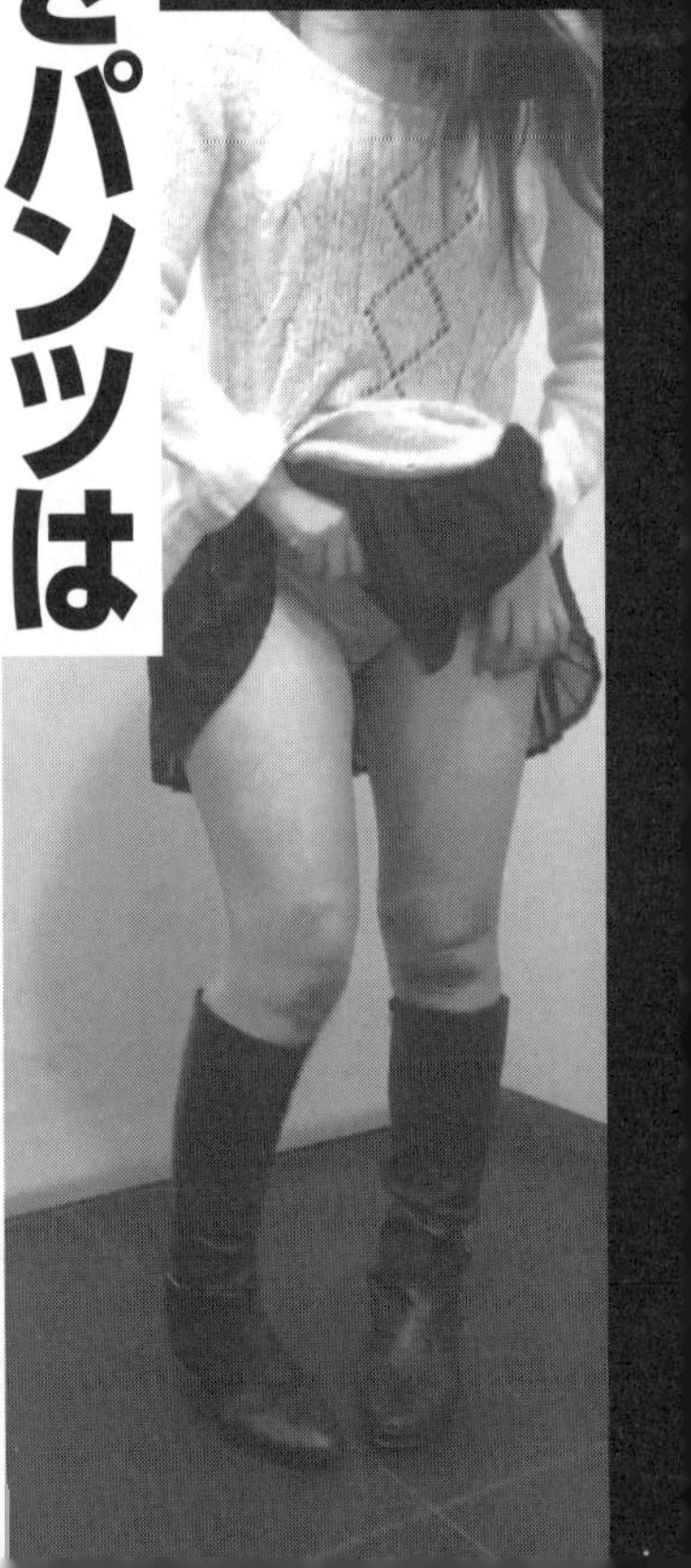

使用済みパンツを売って小遣い稼ぎをする女がいる。中でも目の前で脱いでもらう、「生脱ぎ」ジャンルは特に人気が高い。

相場は5千円から8千円ほど。金額の上下によってルックスレベルが変わる。取引場所は障碍者用トイレやカラオケが主であるが、中には路上で済ませる女まで現れた。彼女たちに羞恥心はない。

元新潟県知事も使ったワリキリ女子大生出会い系

18年7月号
「オレだって新潟県知事みたいにハッピーメールで名門女子大生を買いたい!」

「裏モノJAPAN」編集部が潜入・激写した
エロと犯罪の決定的瞬間!
ニッポン裏200景

18年当時の新潟県知事が、大手出会い系サイト「ハッピーメール」での買春がバレ、辞職に追い込まれた。ニュースでは3万円という具体的な金額まで報じられ、実際にハピメで名門女子大生が3万で買えるのか検証。結果、現役立教大生との援交に成功している。

代々木公園に現れる
フェラチオホームレス

「裏モノJAPAN」
編集部が潜入・激写した
エロと犯罪の
決定的瞬間!
ニッポン
裏200景

18年6月号
「代々木公園のフェラチオホームレスみのりさんを追う」

フェラチオをしてくれるホームレス女性が代々木公園にいる。特別美人なわけでもなく、ただの日に焼けてシワが目立つオバハンである。千円渡してもオザナリなちょい舐めというプレイ内容だが、人柄がいいので人気は高いようだ。

手配師が連れていく日雇い現場の寮の部屋

「裏モノJAPAN」編集部が潜入・激写した
エロと犯罪の決定的瞬間！
ニッポン裏200景

早朝の高田馬場では、手配師が集まった男たちを日雇いの現場に連れていく。その先の寮はこれほどまでにボロイ。障子は破れて風が吹きすさび、同僚のベトナム人は数名で共同生活を営んでいた。まさに、現代の縮図である。

秋葉原の制服ちゃんは立ちんぼだった

「裏モノJAPAN」編集部が潜入・激写した
エロと犯罪の決定的瞬間!
ニッポン裏200景

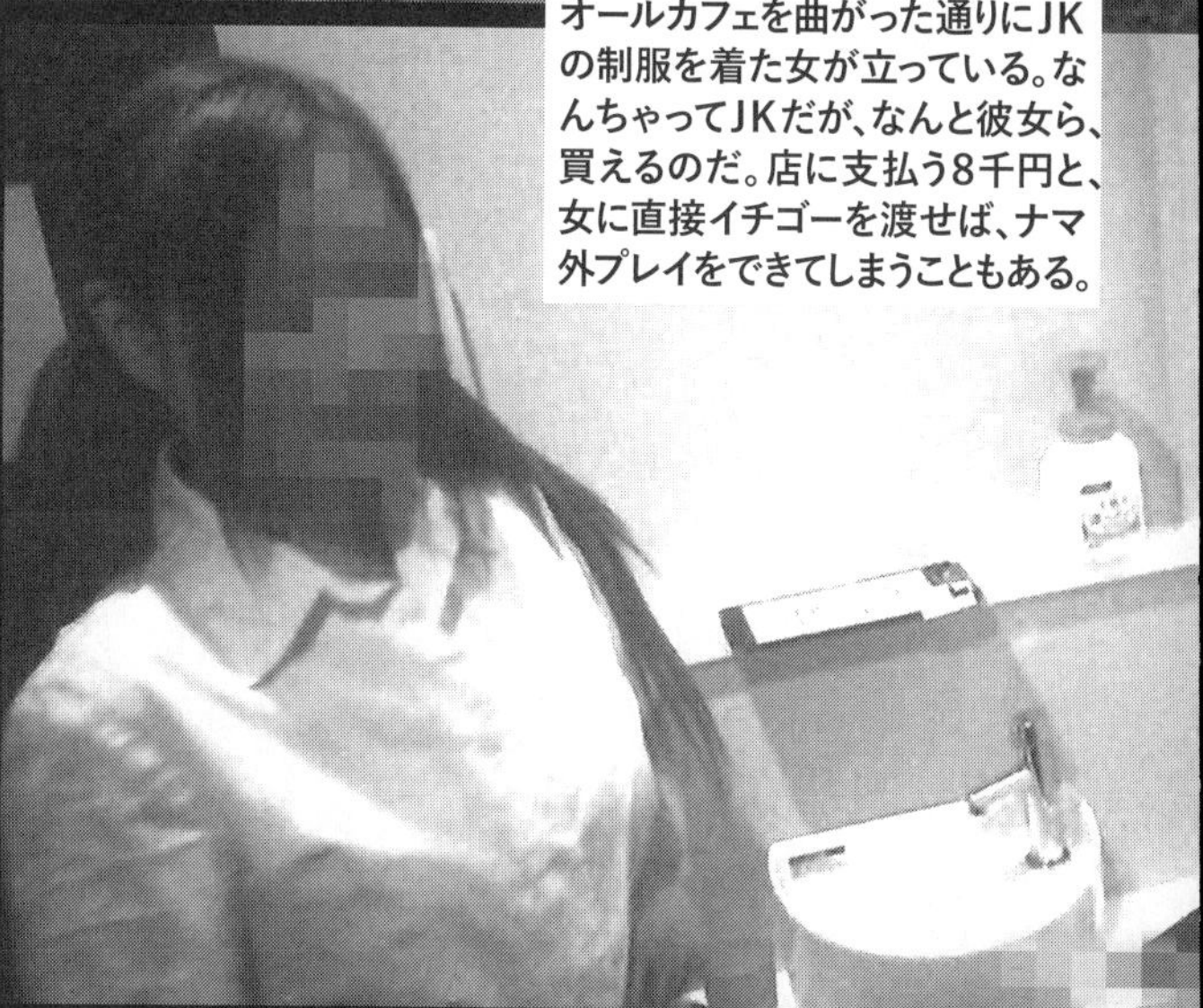

秋葉原中央通りのエクセルシオールカフェを曲がった通りにJKの制服を着た女が立っている。なんちゃってJKだが、なんと彼女ら、買えるのだ。店に支払う8千円と、女に直接イチゴーを渡せば、ナマ外プレイをできてしまうこともある。

女装子OK ハッテンサウナの地獄絵図

東京・浅草に、都内で唯一、女装子（女装した男）の入場を認める有名老舗ハッテンサウナがある。ヤリ部屋と呼ばれるプレイルームでは、日夜、変態女装子と変態親父たちのおぞましい絡みが繰り広げられている。

「裏モノJAPAN」
編集部が潜入・激写した
エロと犯罪の
決定的瞬間!

ニッポン裏200景

精神病院のある街

都内某所に精神科専門病院がある。入院患者およそ700人、1日当たりの通院患者も400人を超える巨大施設で、当然、病院周辺にはチラホラとおかしな人が。片思いした郵便局職員の姿を物陰から見守る白髪の老婆。道行く人々に暴言を浴せる中年オヤジ。書店で踊りだす若者など。特異な町である。

99年4月号
「携帯会社の伝言サービスは食い放題だった」

殺人事件の犯人が使った出会いツール

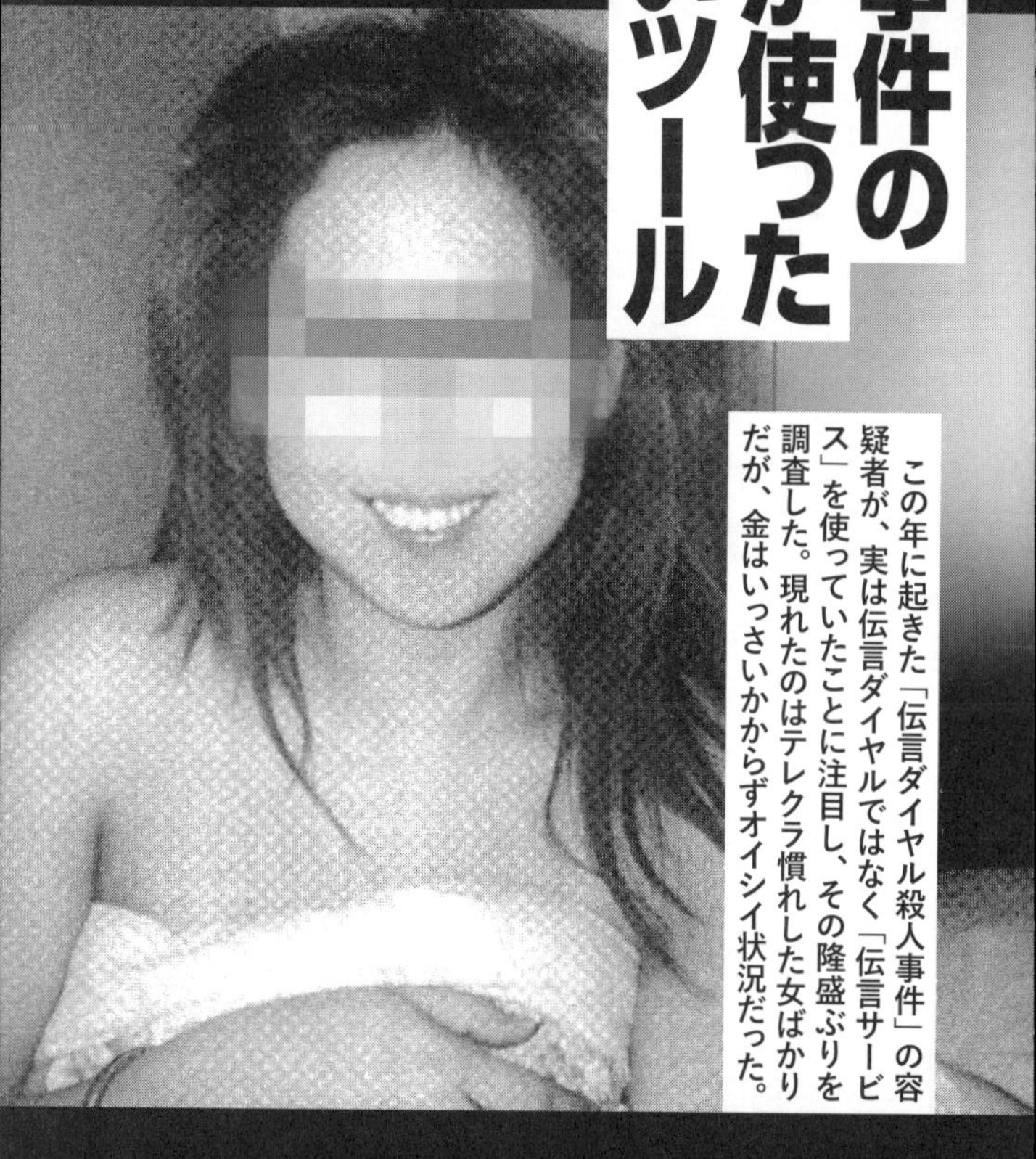

この年に起きた「伝言ダイヤル殺人事件」の容疑者が、実は伝言ダイヤルではなく「伝言サービス」を使っていたことに注目し、その隆盛ぶりを調査した。現れたのはテレクラ慣れした女ばかりだが、金はいっさいかからずオイシイ状況だった。

商工ローンの攻撃対象とは誰のことか？

中小企業経営者に暴利でカネを貸し付ける商工ローン。取り立てによる自殺や夜逃げが相次ぐ中、業者内部で1年働いた者により社内マニュアルがリークされた。

貸し付け相手を「攻撃対象」と呼ぶあたり、元からつぶしにかかっていたことは明白だろう。

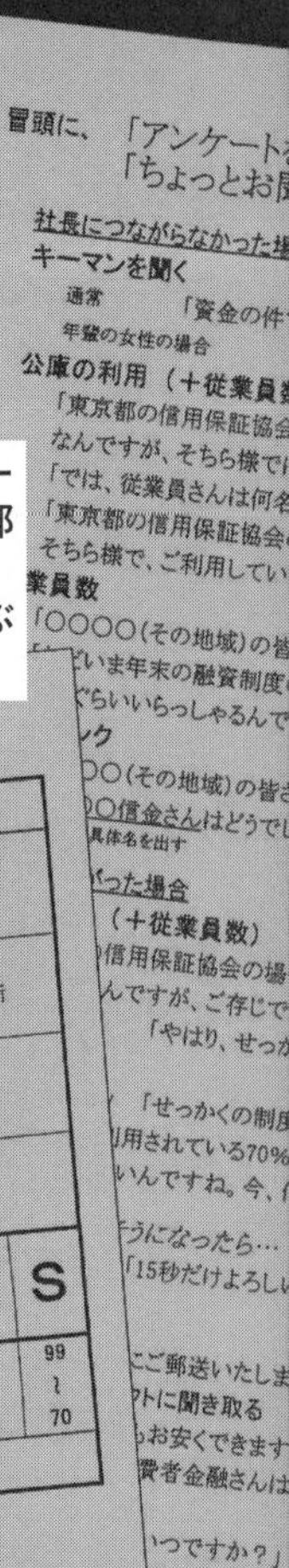

冒頭に、「アンケート
「ちょっとお
社長につながらなかった場
キーマンを聞く
通常
「資金の件
年配の女性の場合
公庫の利用（＋従業員数
「東京都の信用保証協会
なんですが、そちら様で
「では、従業員さんは何名
「東京都の信用保証協会
そちら様で、ご利用してい
業員数
「○○○○(その地域)の皆
いま年末の融資制度
ぐらいいらっしゃるんで
ンク
○○(その地域)の皆さ
○○信金さんはどうでし
具体名を出す
った場合
（＋従業員数）
信用保証協会の場
んですが、ご存じで
「やはり、せっか
「せっかくの制度
利用されている70%
いんですね。今、
うになったら…
「15秒だけよろしい
にご郵送いたしま
トに聞き取る
らお安くできます
費者金融さんは
いつですか？」
にて電話番号
んですから、
チから、

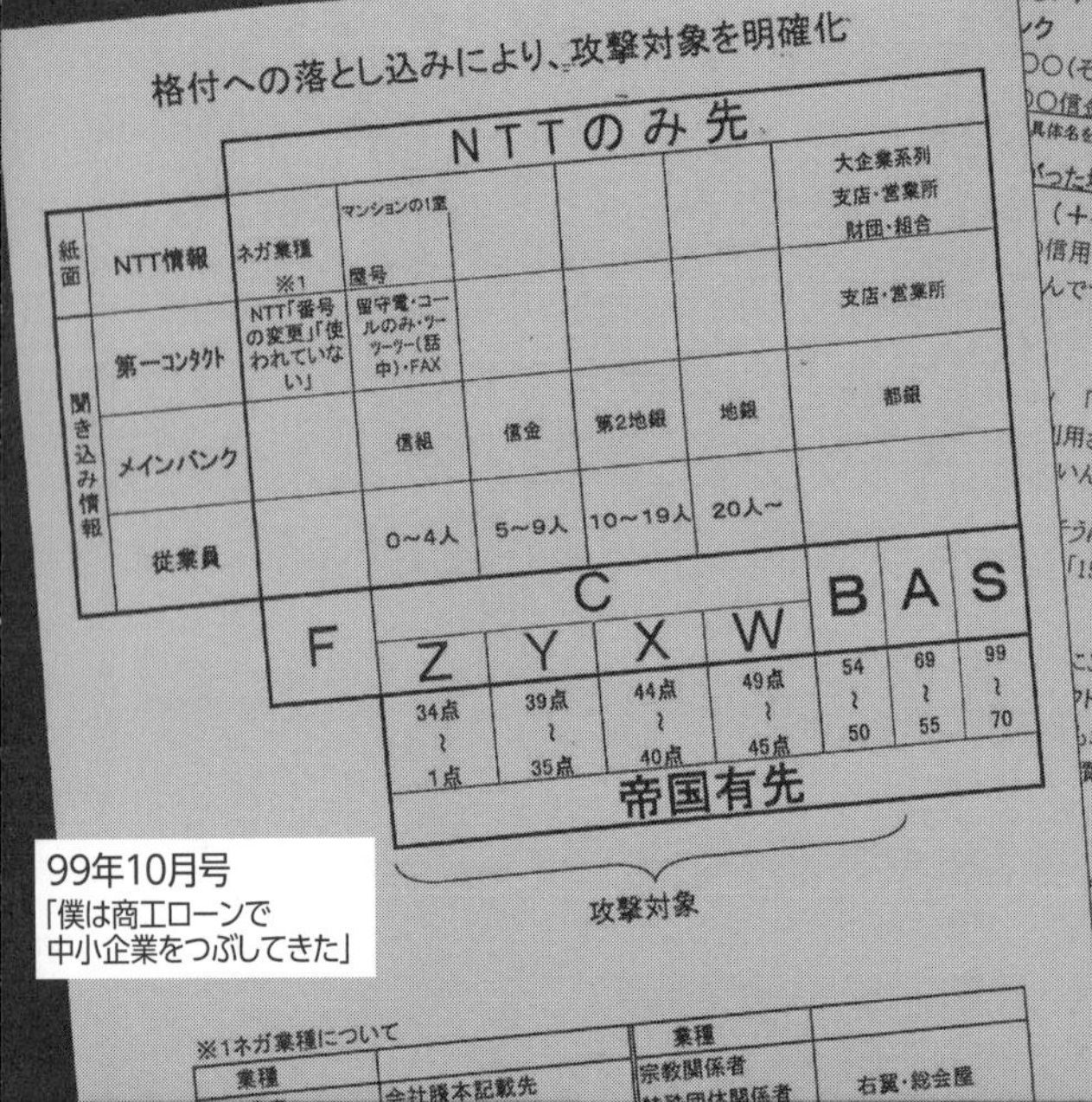

格付への落とし込みにより、攻撃対象を明確化

		NTTのみ先					
紙面	NTT情報	ネガ業種 ※1	マンションの1室 屋号				大企業系列 支店・営業所 財団・組合
聞き込み情報	第一コンタクト	NTT「番号の変更」「使われていない」	留守電・コールのみ・ツーツーツー(話中)・FAX				支店・営業所
聞き込み情報	メインバンク		信組	信金	第2地銀	地銀	都銀
聞き込み情報	従業員		0~4人	5~9人	10~19人	20人~	

F	C				B	A	S
	Z	Y	X	W			
	34点~1点	39点~35点	44点~40点	49点~45点	54~50	69~55	99~70

帝国有先

攻撃対象

※1ネガ業種について

業種		業種	
会社謄本記載先		宗教関係者	右翼・総会屋

99年10月号
「僕は商工ローンで
中小企業をつぶしてきた」

ロシア警備艇から銃撃を受けその場で拿《だ》捕《ほ》！

99年10月号
「ある漁師のロシア抑留体験」

北海道・根室の漁船船長が、ロシア領海内で銃撃を受け、国後島に半年間、留置されることに。当時の様子を本人が語った。

「裏モノJAPAN」
編集部が潜入・激写した
エロと犯罪の
決定的瞬間！
ニッポン
裏200景

海外旅行をエサに一般人をバイヤーに仕立て上げ、彼らが購入してきたブランド品を国内の問屋に卸す。いまでは何ら珍しくもない海外買い付けビジネスの手法も、当時はライバル業者がほとんどいない状態でボロ儲けだった。

写真は、バイヤー役に配られていた買い付け時のマニュアルと価格表。手書きという点に時代を感じる。

海外で買い物するだけで大金を稼げた

99年6月号
「ルイヴィトンの買い付けで月収300万!
海外旅行にタダで行く方法教えます」

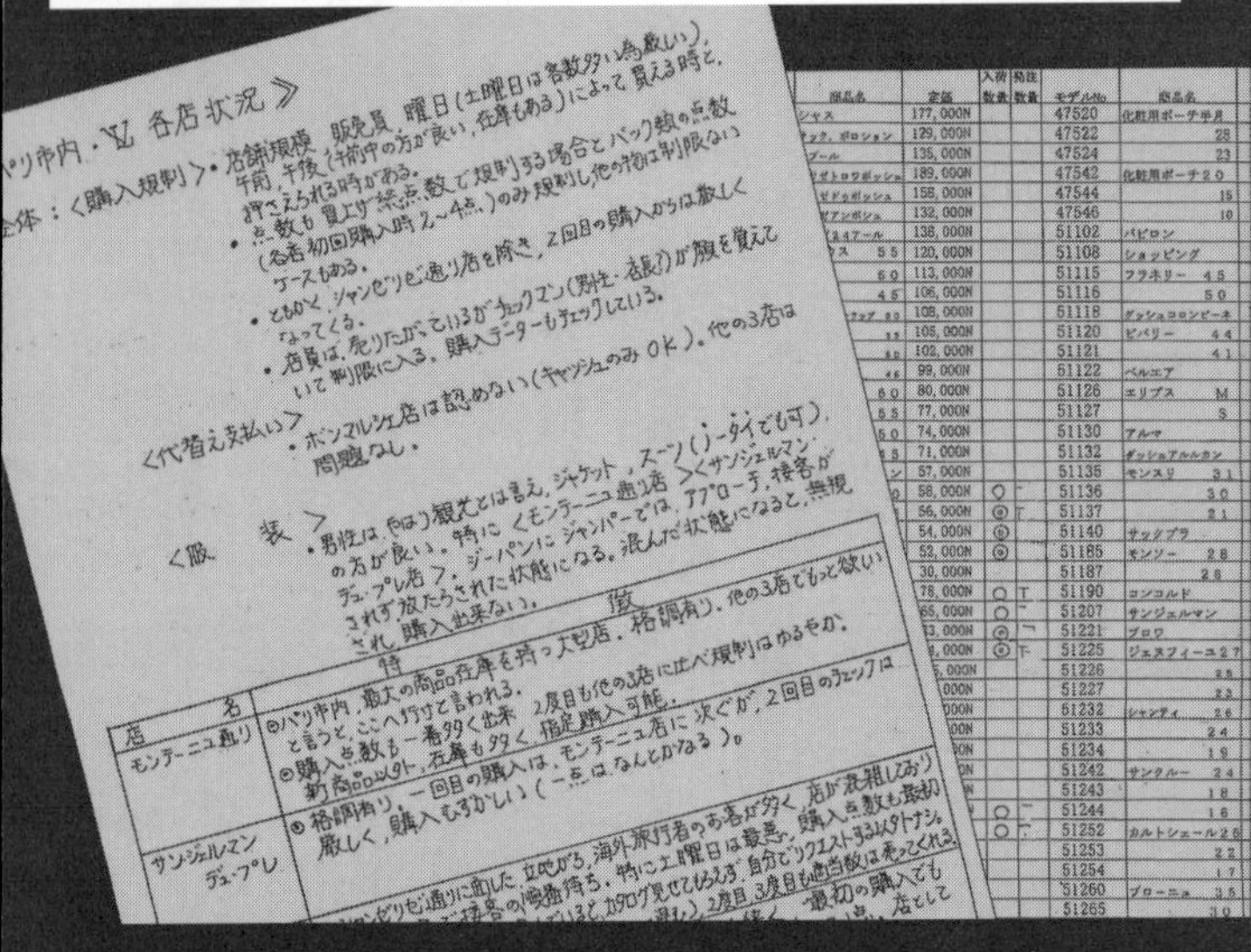

援交ビラの犯人をフリーライターが逮捕!

99年9月号

「私が嫌がらせ援交ビラの犯人を現行犯逮捕するまで」

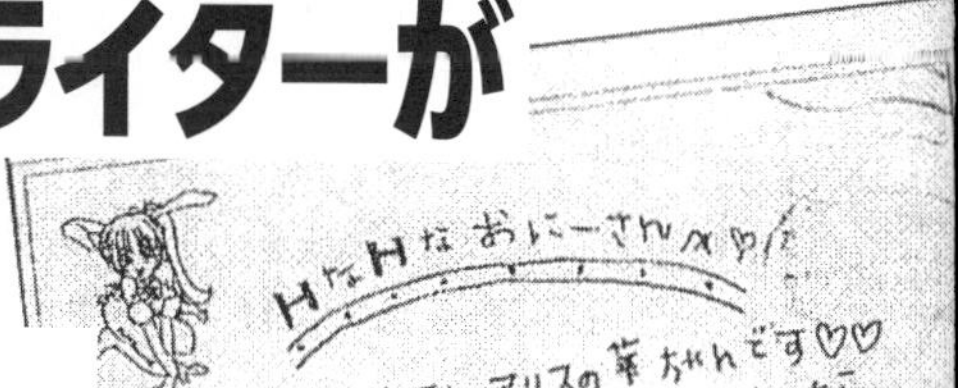

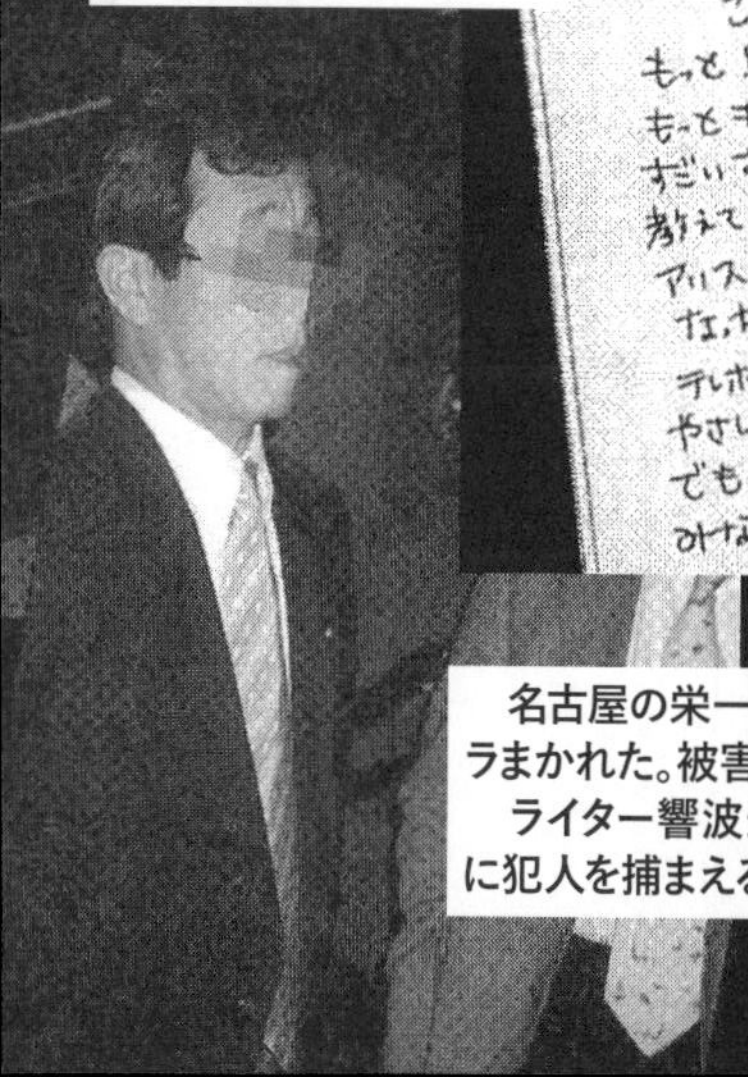

名古屋の栄一帯に、嫌がらせの援交ビラがバラまかれた。被害者女性は2人。犯人は誰だ？

ライター響波速人が7カ月の追跡の末、ついに犯人を捕まえる。

99年6月号
「僕にもできた偽装結婚」

中国人フーゾク嬢との偽装結婚は今も隆盛

ちょんの間の女性と軽い気持ちで結婚したこの男性、話を聞いた時点ですでに風俗とギャンブルで金を使い果たしており、悪銭身に付かずを証明していた。

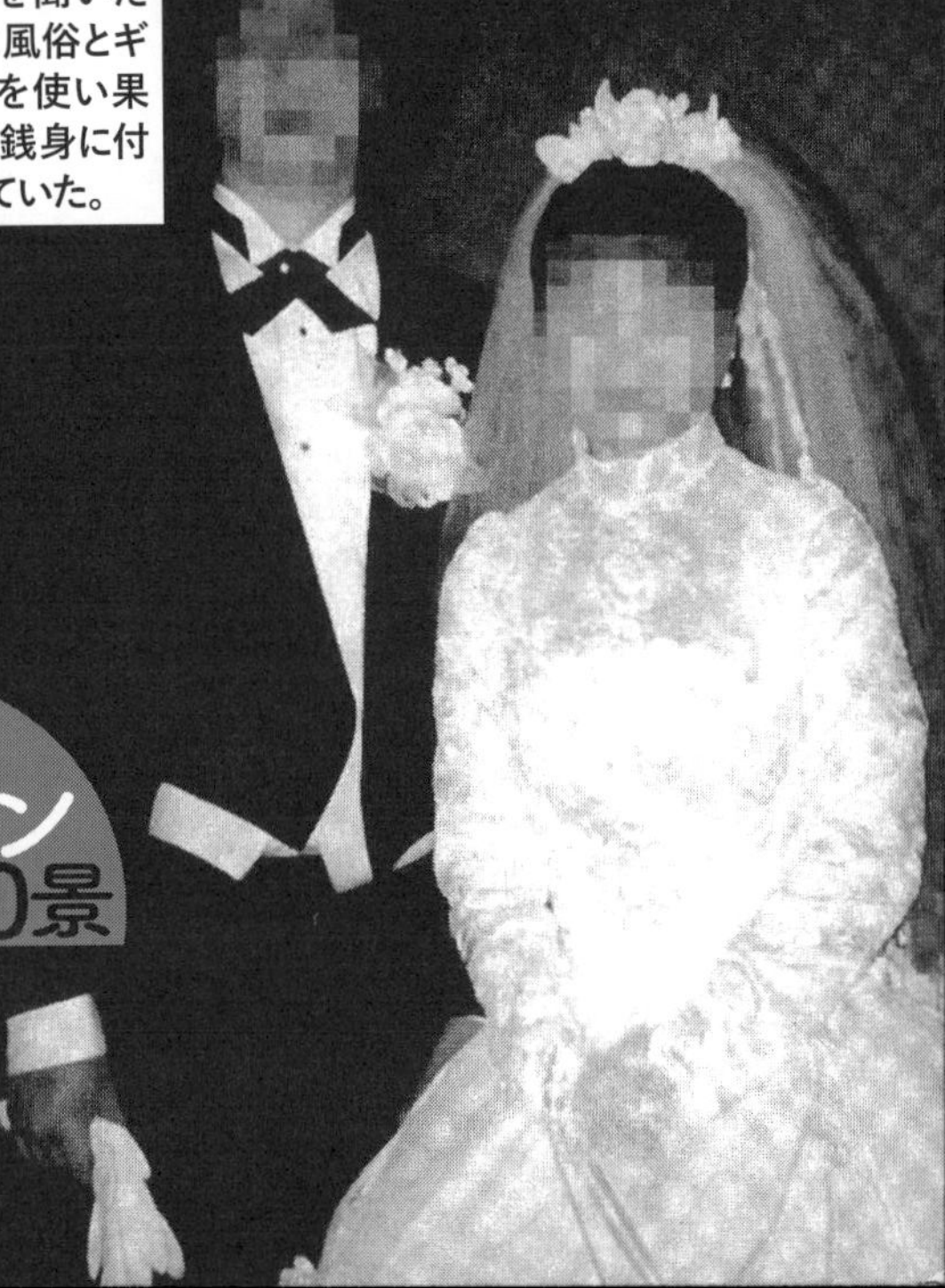

99年7月号
「僕の高級羽毛フトン販売体験記」

田舎の老人はこうして騙される

地方の臨時会場に激安ダミー商品で人を集め、あの手この手で高級布団を売りつける催眠商法を、ライターが実践してみた企画。

布団に限らず、この種の販売法は今でもあちこちで行われており、各地で老人たちが騙されつづけている。

現代ニッポンでこんな原初的なギャンブルが！

海外ではなく、日本の、平成時代の話です。住宅街のド真ん中で、見張りを立てるわけでもなく、堂々と闘鶏で金を賭けてました。そういう文化が許されているんでしょうか。

今でもあの1日は幻だったんじゃないかと思うほど、現実離れした空間でした。　（中山光／リポーター）

00年7月号
「関西某所で行われる闘鶏賭博に参加」

ビデオカメラに空き巣の顔が!

00年5月号
「私は自力で空き巣を捕まえた」

度重なる空き巣被害のため、自宅にビデオカメラを設置したところ、テープに犯人の姿が。これが動かぬ証拠となり、男は逮捕に至る。

「裏モノJAPAN」編集部が潜入・激写した
エロと犯罪の決定的瞬間!
ニッポン裏200景

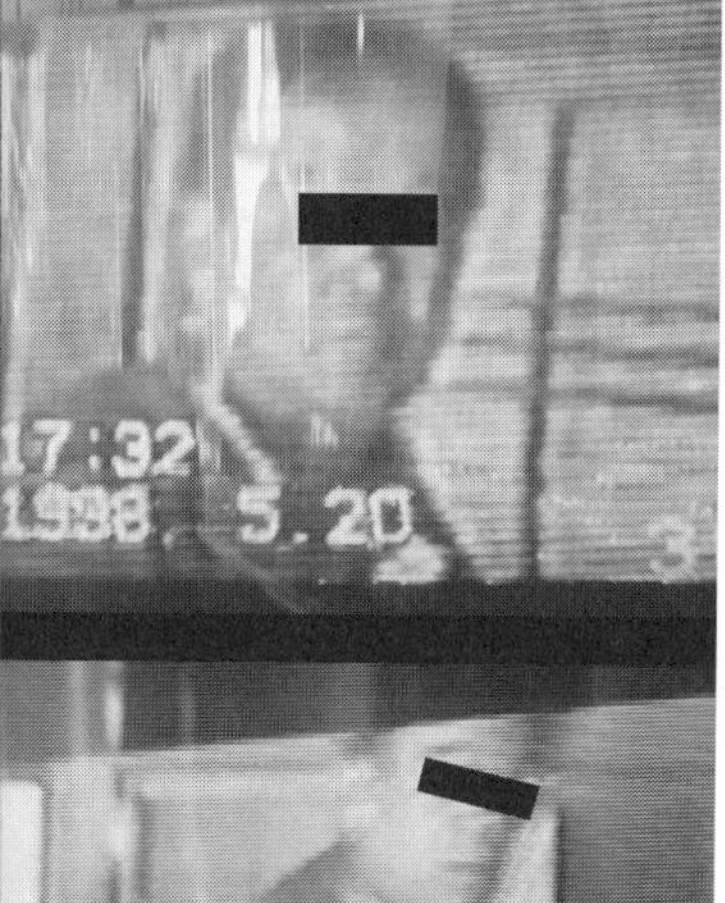

売春のため経済特区に集められた女たち

経済特区とはいえ、まだそれほど栄えていなかったこの町のマンション群の一室で、暗い目をした女の子たちが気だるそうにしていたのを覚えている。中国全土から連れてこられ、売春にいそしんでいたのだ。

現在、アジアのシリコンバレーとなったこの町で、彼女らはどう生きているのだろう。

（中山光／リポーター）

00年9月号
「中国深センマントル村を訪ねて」

ントル村の入り口。

建ち並ぶマンション群。すべてに女性が待機している

どっちの穴に入れるの！

公安の圧力により消滅したエロ姉ちゃんたち

台湾のビンロウ売り。見るからに売春してそうな雰囲気なのだが、どう突っついてもOKの返事はもらえなかった。客寄せのためだけにあんなエッチな恰好をするなんて、今でも信じられないのだが…。日本でもガソリンスタンドなどで採用すべしと強く願う。 （編集部／佐藤）

00年11月号
「台北市郊外の路上で
噛みタバコを売る女の正体は?」

サウナのウエイトレスが金で買えたなんて!

館内3階の食堂で働く20人ほどの中国人ウエイトレスが、客の膝に座ったり、飲み物をねだったりと、さながらキャバクラの様相を呈していた同サウナ。交渉次第ではエンコーOKの子までいたのだからぶっ飛んでます。てか、私もちゃっかり買いましたし。経営者の変わった今では、あのいかがわしさ満点だった雰囲気もゼロに。寂しい話ですなあ。

（麻野敬治／リポーター）

チャーハン、クイタイダヨ
お金持ちオジサン。とてもスキです♥

01年5月号
「千葉県F市に『桃源郷サウナ』があった!!」

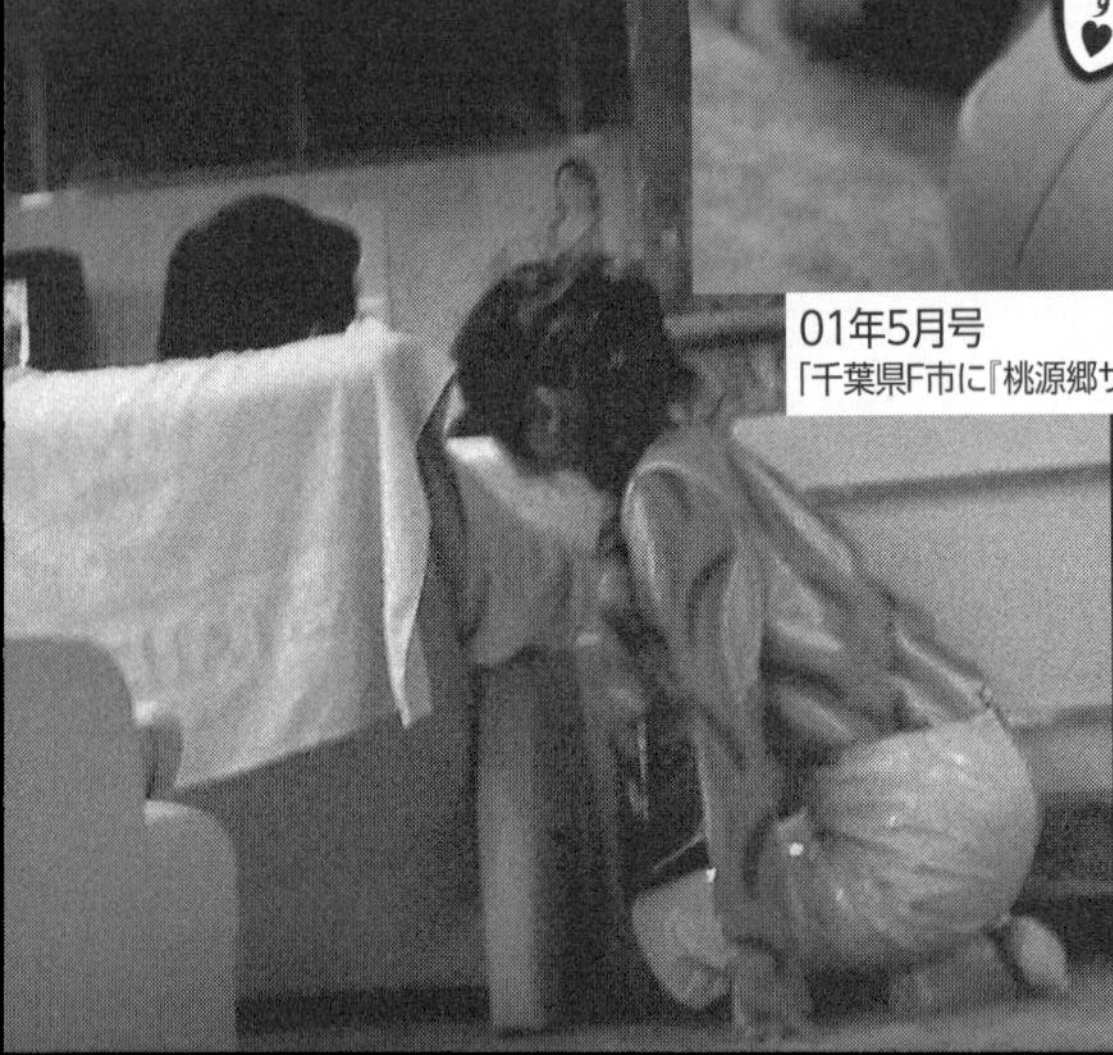

「裏モノJAPAN」編集部が潜入・激写した
エロと犯罪の決定的瞬間!
ニッポン裏200景

女装してまでレズキャンプに出向いたバカ者

01年2月号
「新島のレズキャンプに女装で参加した僕」

後列左から4人目、白人女性の陰になっている人物は女装した男性である。レズキャンプに参加したいがあまり、「オカマのレズ」という苦しいキャラを作り上げ、半ば無理やり新島くんだりまで押しかけたのだ。結局、エロいことは何ひとつできなかったようだが。

漫画で掲載したのだが、あまりに内容がバカバカしく荒唐無稽なため、証拠としてこの集合写真が最後のコマに挿入される運びとなった。

自分の妻を他人に抱かせることで興奮を覚えるという性癖がある。世の中には似たような趣味を持つ男性は数多く存在しており、現在では、変態カップルたちの間で「寝取られ」という名称で定着し、フェチの一ジャンルになった。

記事に登場する「妻物語」というサイトはいまも残っていて、男たちが妻の裸体写真をアップして抱いてくれる相手をさがしている。

「寝取られ」という性癖が後に定着することに

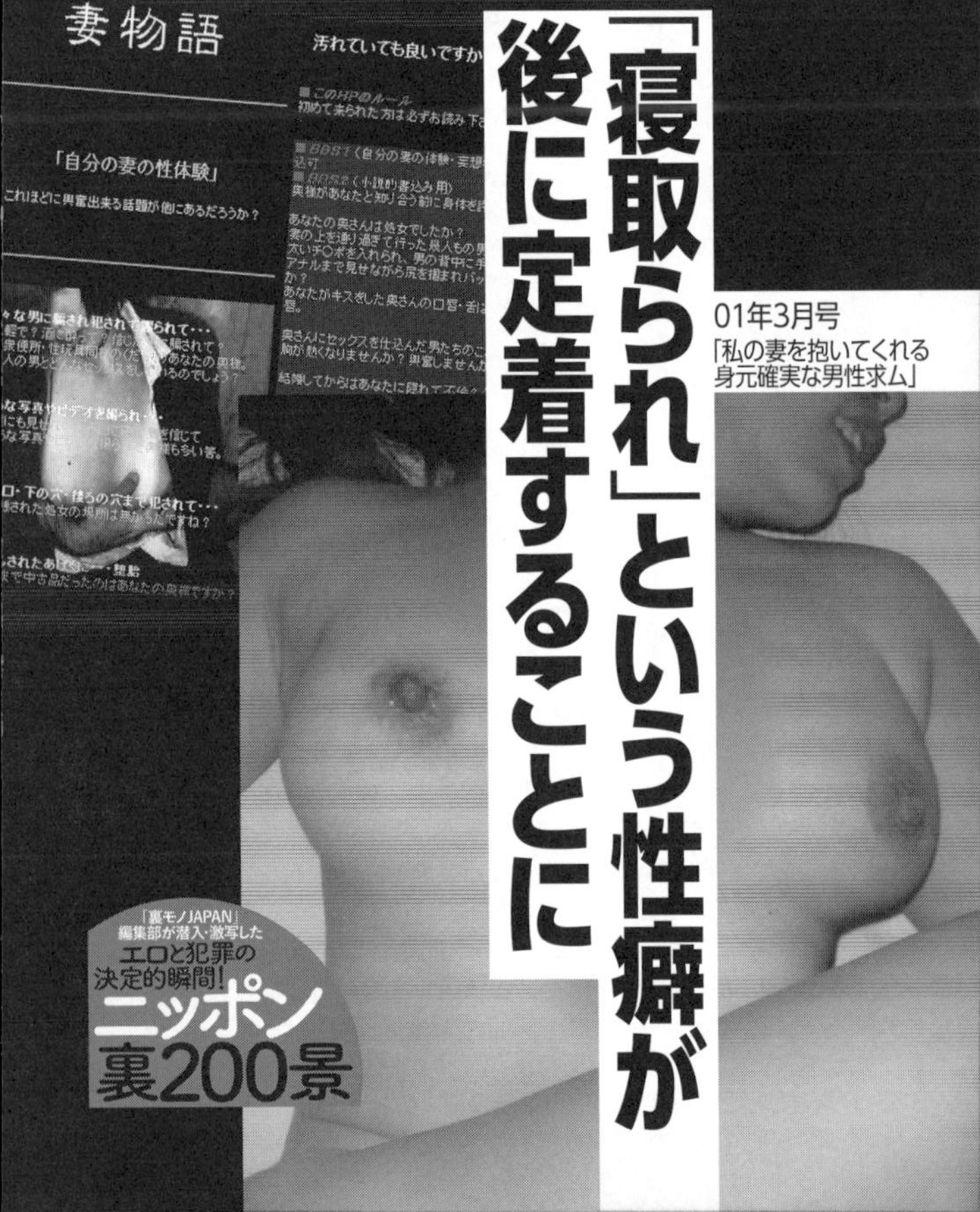

01年3月号
「私の妻を抱いてくれる身元確実な男性求ム」

ミスキャンパスが性奴隷だったなんて…

写真は、本記事の主人公が大学のミスコンでグランプリに輝いたときのもの。周囲にはドSキャラで通っていたこの美女が、実は病的なマゾヒスト、まして高級SMクラブの人気奴隷だなんて、周囲の人間は誰も信じやしないだろう。事実はエロ小説よりも奇なりだ。

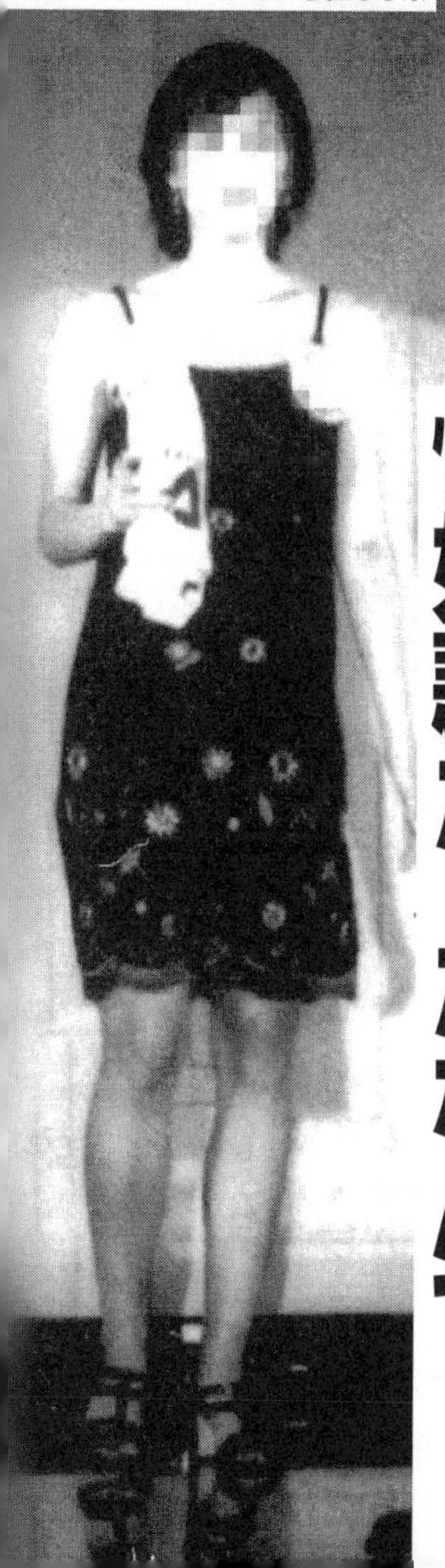

01年12月号
「夜は一晩20万の高級奴隷！実は私、某大学のミスキャンパスなんです」

03年11月号

「反ロシアデー当日の右翼街宣車の中を覗く」

街宣車の中は意外とあっさりしていた

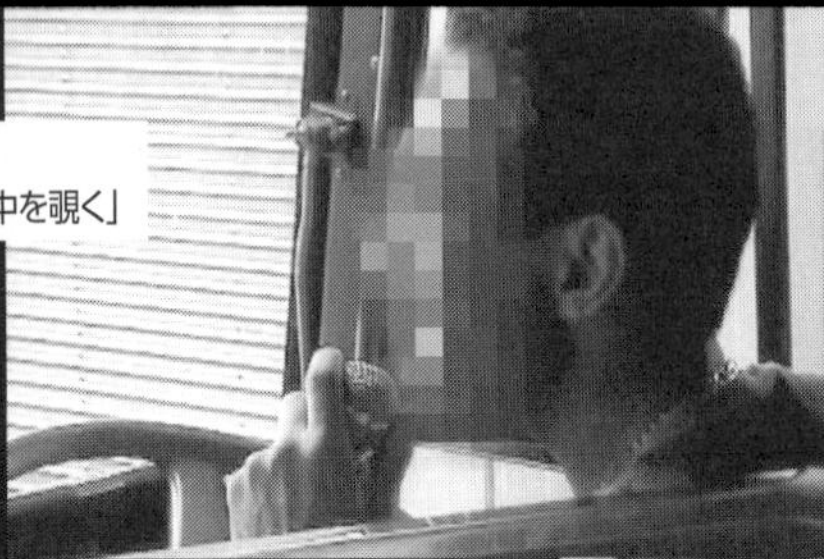

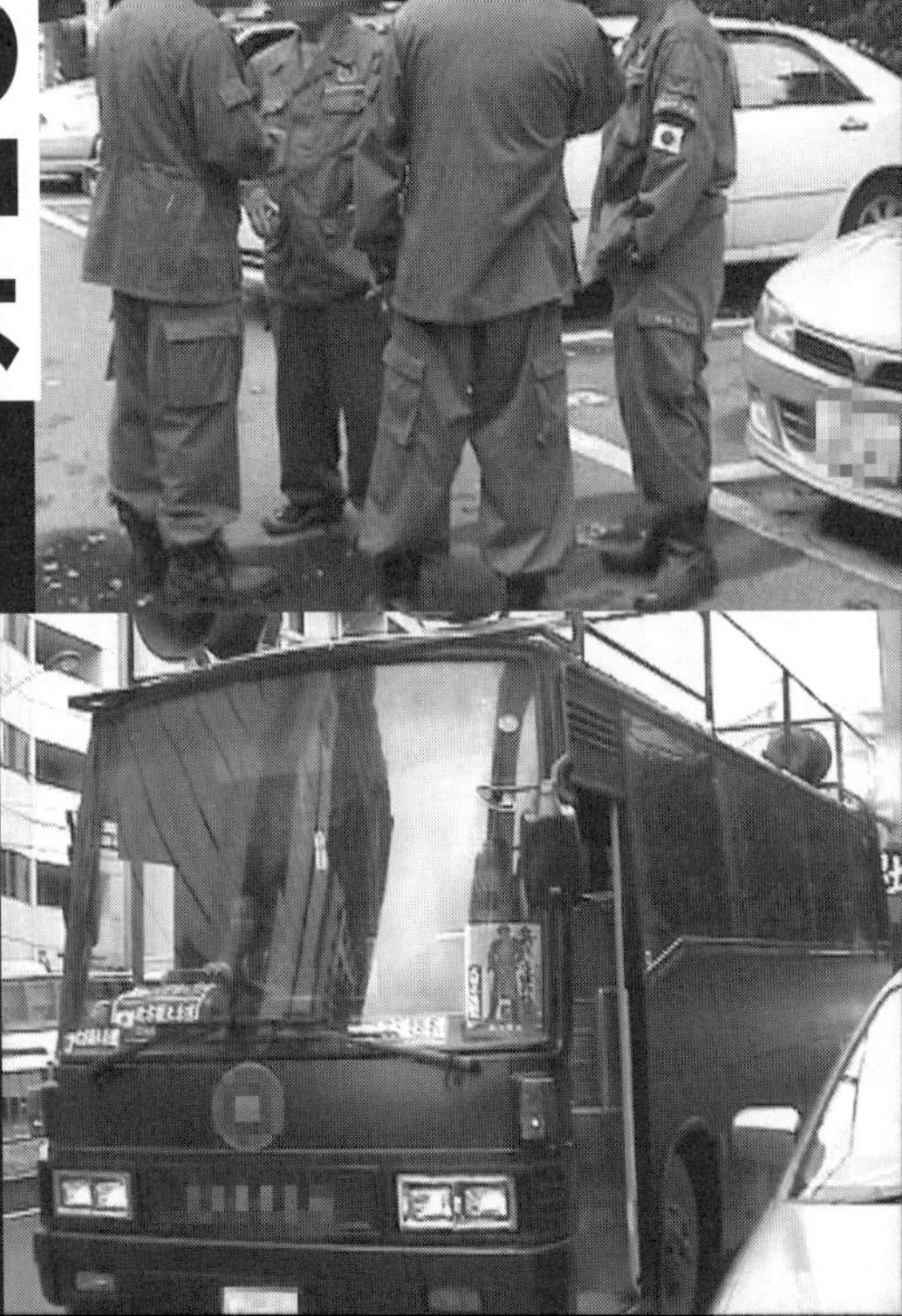

「裏モノJAPAN」
編集部が潜入・激写した
エロと犯罪の
決定的瞬間!
ニッポン裏200景

右翼団体の協力を得て8月9日の反ロシアデーに、靖国神社に集結した街宣車のうちの一台に乗車、街宣活動の一部始終を覗かせてもらった。

大型バスを改造した黒塗りの街宣車の内部が、畳敷きのシンプルな造りだったことに驚きつつ、ロシア大使館前での抗議、警官隊との揉み合いなど迫力満点の現場を堪能した。

（編集部／タネイチ）

03年7月号
「クラスの女は
み〜んなキャバクラ嬢」

「裏モノJAPAN」
編集部が潜入・激写した
エロと犯罪の
決定的瞬間!
ニッポン
裏200景

バカ女子短大に男が入学したらどうなる？

キャバクラの慰安旅行の写真に見えるが、中央に写っている男はボーイではない。共学になった旧・有名バカ女子短大に入学した男子学生だ。

クラスメイトの9割がキャバ嬢、頻繁にヤリコンを開いていて、体育祭や文化祭の打ち上げでは参加者のほぼ全員が全裸になる、などなど羨ましすぎるエピソードだらけで、この写真を見た編集部の全員が、しばらく仕事が手につかなくなるほど落ち込んでいた。

03年3月号
「さよならHAGE ～オレの植毛大作戦～」

植毛手術のおかげで女性と交際できました

ハゲにとって植毛手術はアリかナシかというのは大いに気になる点だろうが、その答えを、36才男性が身をもって探った。手術中の様子から術後半年までの状態を、連載形式で報告してくれたのだ。そして髪は見事に復活し、おまけに再婚候補の女性との交際までスタート。これ以上ない結果がもたらされた。

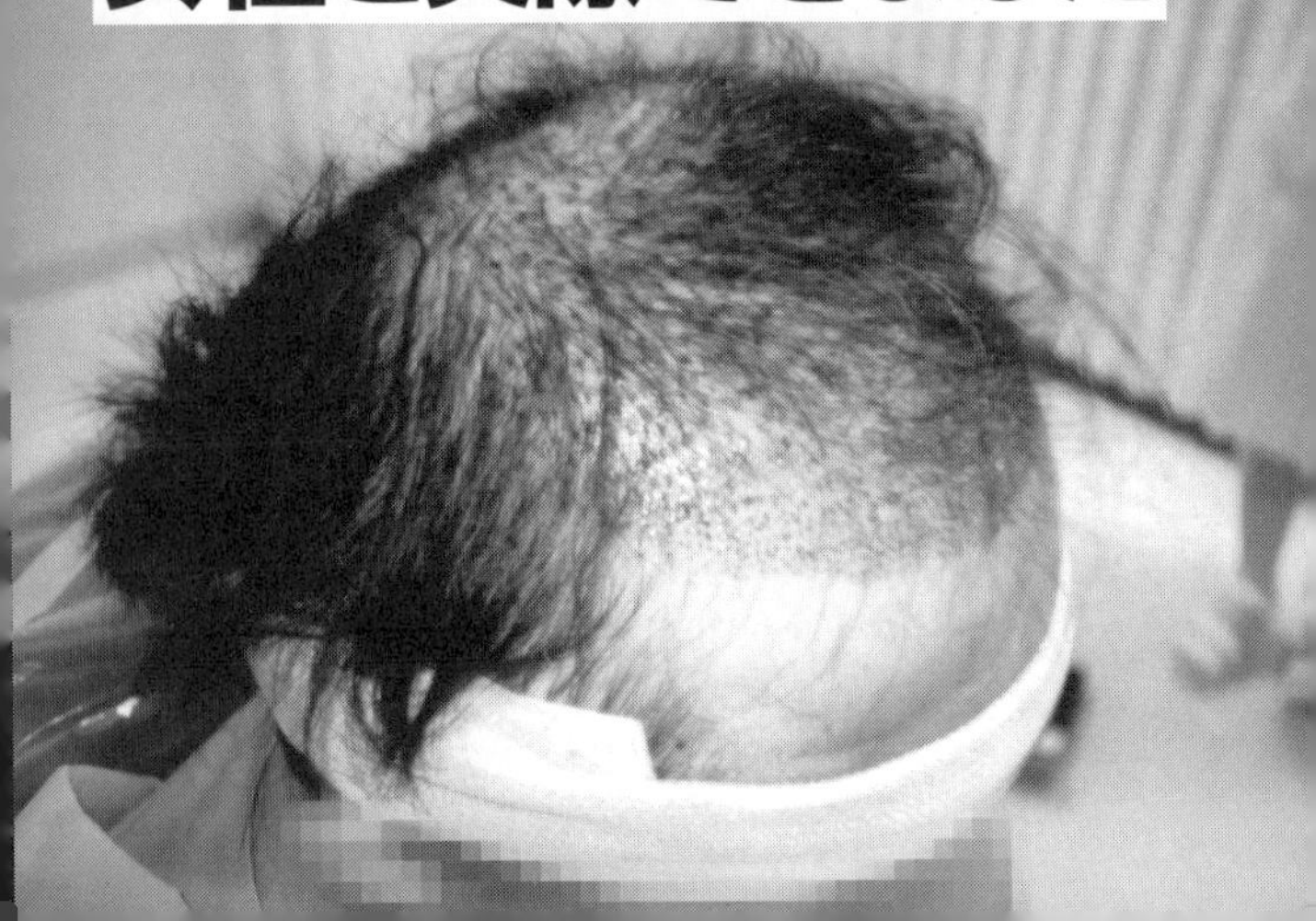

バンコクに拉致され売春宿に売られた女性

03年2月号
「タイ・バンコクに、拉致された日本人女性が働く売春宿があった!」

日本で誘拐され、バンコクの売春宿で働く日本人女性が、現地での取材に重い口を開けて経緯を語った。その後の彼女の消息はまったくわからない。

「裏モノJAPAN」編集部が潜入・激写した
エロと犯罪の決定的瞬間!
ニッポン裏200景

警察官のネコババシーンをカメラがとらえた

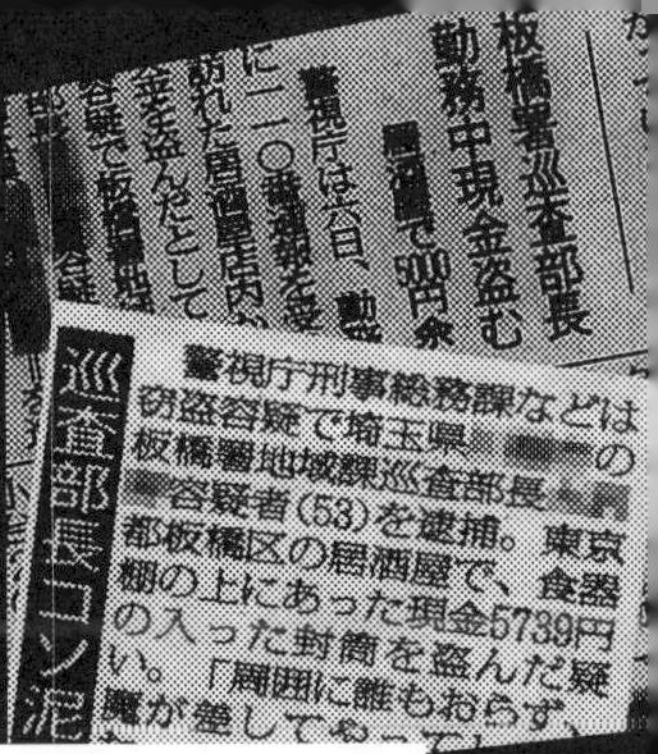

03年11月号
「警視庁 現役警察官 猫ババ事件の真相」

居酒屋内に取り付けた防犯カメラに、店の金を盗む警察官の姿が。スポーツ紙で報じられた「巡査部長コソ泥」事件の真相を、被害者自らが本誌に語ってくれた。警察の不祥事はよく耳にするが、犯行現場をはっきり捉えた写真はかなり珍しい。

1枚の紙キレで高速道路がタダで乗れる?

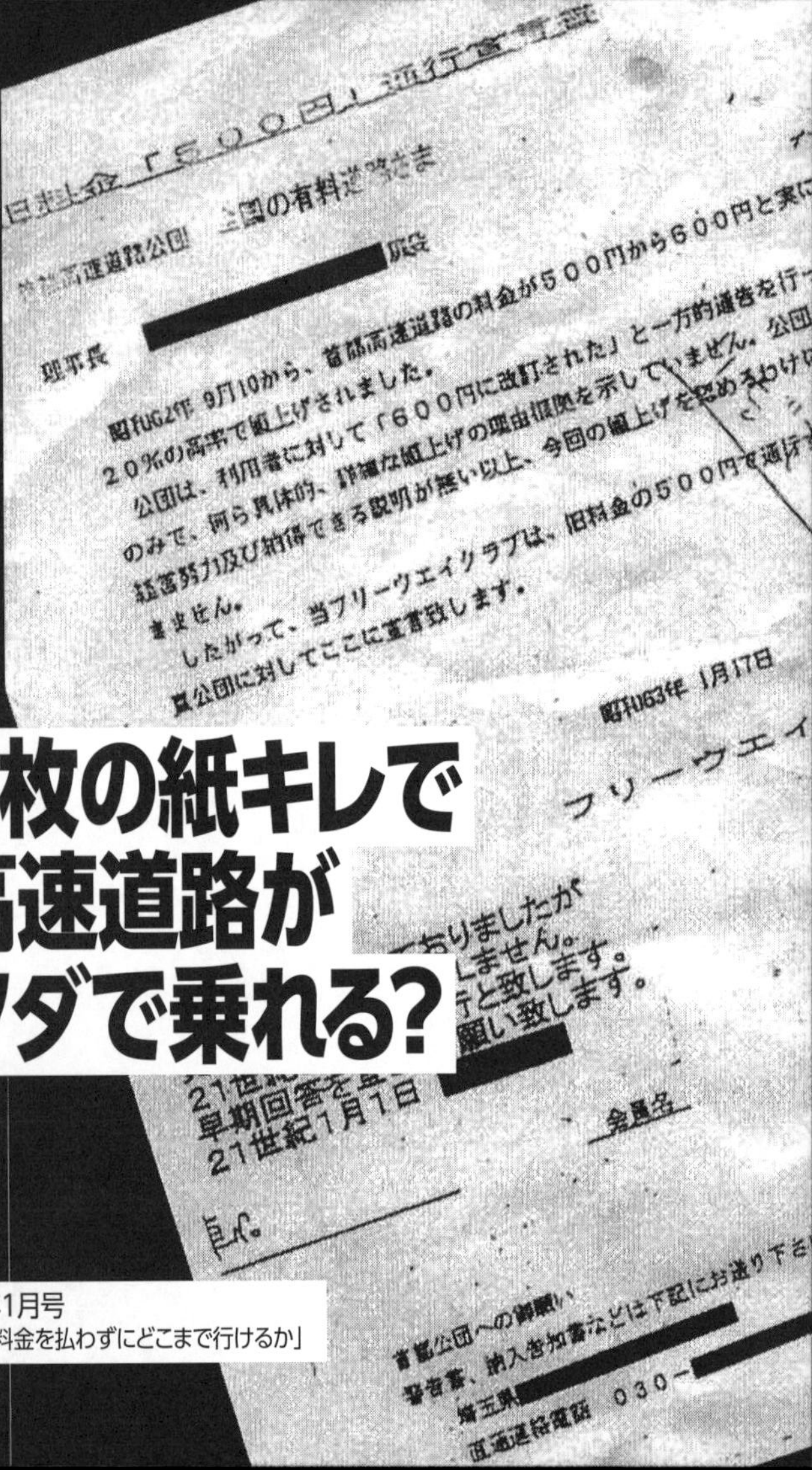

旧料金「５００円」通行宣言書

全国の有料道路をま

首都高速道路公団

理事長 [redacted] 殿

昭和62年 9月10日から、首都高速道路の料金が５００円から６００円と実に
２０％の高率で値上げされました。
公団は、利用者に対して「６００円に改訂された」と一方的通告を行っ
のみで、何ら具体的、詳細な値上げの理由根拠を示していません。公団
経営努力及び納得できる説明が無い以上、今回の値上げを認めるわけに
まいりません。
したがって、当フリーウエイクラブは、旧料金の５００円で通行
貴公団に対してここに宣言致します。

昭和63年 1月17日

フリーウエイ

ありましたが
しません。
行と致します。
願い致します。

[redacted]

21世紀
早期回答を
21世紀1月1日

会員名

首都公団への御願い、警告書、納入告知書などは下記にお送り下さ
埼玉県 [redacted] ０３０－[redacted]
直通連絡電話

04年1月号
「高速料金を払わずにどこまで行けるか」

1
首都高速
霞ケ関
入口
行っちゃうよ
ダメだよ~

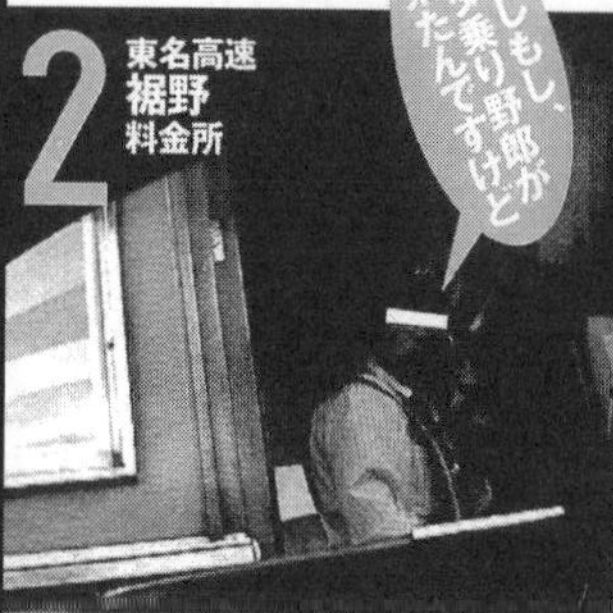
2
東名高速
裾野
料金所
もしもし、タダ乗り野郎が来たんですけど

高速道路の料金所のおっさんに、無料通行宣言書なる紙を渡せばタダで通過できる——。「フリーウェイクラブ」なる団体の言い分が実際に通用するかを試した企画だ。

05年の法改正により、幹部が逮捕され、クラブは解散。その後の活動はよくわからない。

3
首都高速
厚木
料金所
ちょっと待ったー
ガラ
ガラ
払ってくださいよ~
なんだ練馬ナンバーか、ダサイな

5
小田原厚木道路
小田原
料金所
出口
何コレ??
写真撮った?
撮ってませんよ
4
小田原厚木道路
平塚
料金所

「裏モノJAPAN」編集部が潜入・激写した
エロと犯罪の決定的瞬間!
ニッポン裏200景

サービスエリアを狙うデリヘル

04年6月号
「東名高速にヌケるサービスエリアがあった!」

P
What's happen?
1人きりで現れた女
『M』は、大型小型あわせて
400台以上を収容する大型SAである
連れ去られる危険性などは考えていないのだろうか
男子トイレにはこのように
トラック・お車専門ヘルス
営業時間 24時間
料金システム
30分 ¥8,000
60分 ¥15,000
90分 ¥22,000
受付TEL 0120-

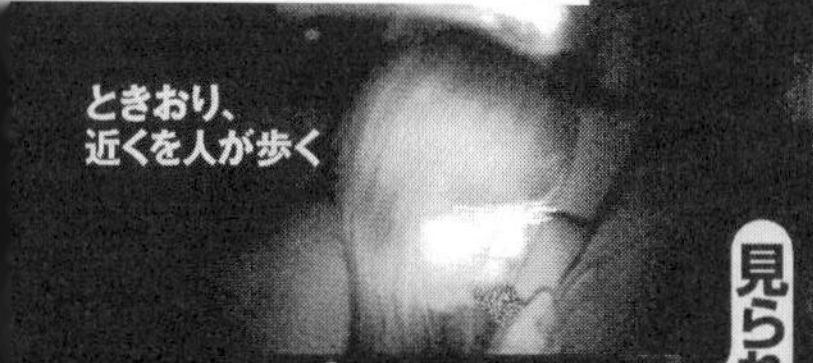
ときおり、
近くを人が歩く

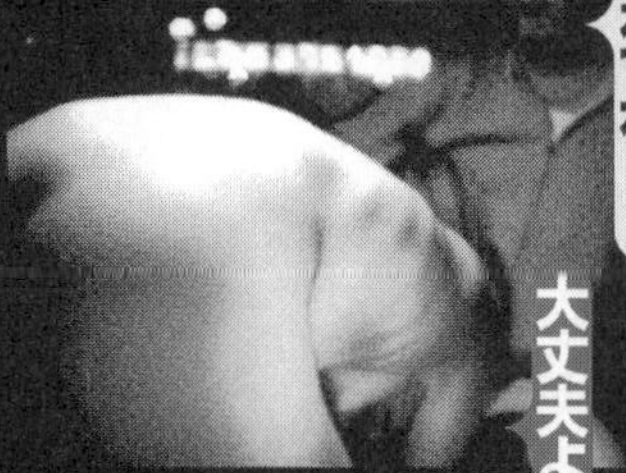
見られてね〜？
大丈夫よ

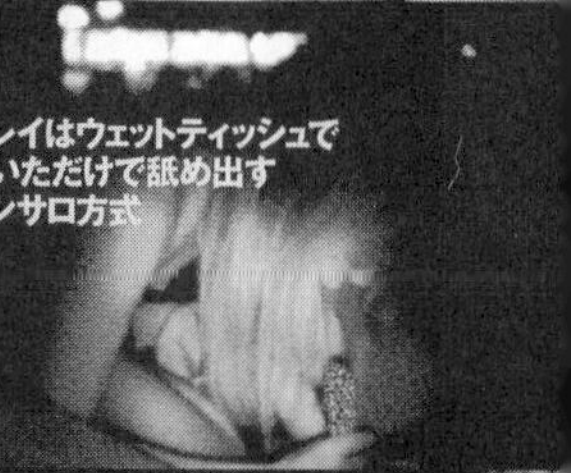
プレイはウェットティッシュで
拭いただけで舐め出す
ピンサロ方式

東名・牧之原サービスエリアで営業していた車専門デリヘルである。このSAは大型トラックのスペースが広く、自家用車よりもトラックに呼ばれることが多いと彼女は言っていた。

サービスエリアでのエロ商売には、他にも裏DVDの手売りがよくあったものだが、現在はどうだろう。

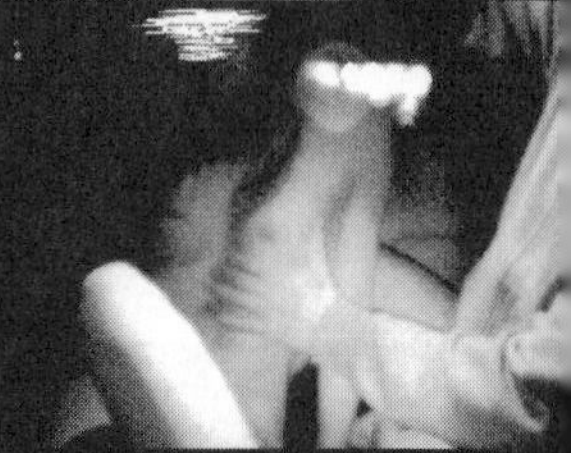

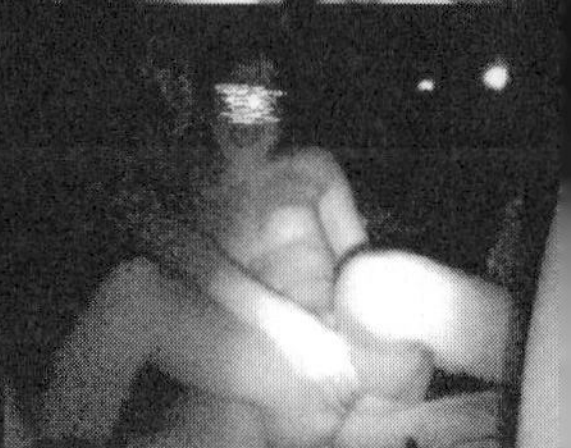

そして彼女は
また別の車に…

「裏モノJAPAN」
編集部が潜入・激写した
エロと犯罪の
決定的瞬間!
ニッポン
裏200景

「裏モノJAPAN」編集部が潜入・激写した
エロと犯罪の決定的瞬間!
ニッポン裏200景

オッパイ丸出しで詩集を売る女

05年7月号
「東京 中央線沿線に出没する“乳出し詩集女”の正体」

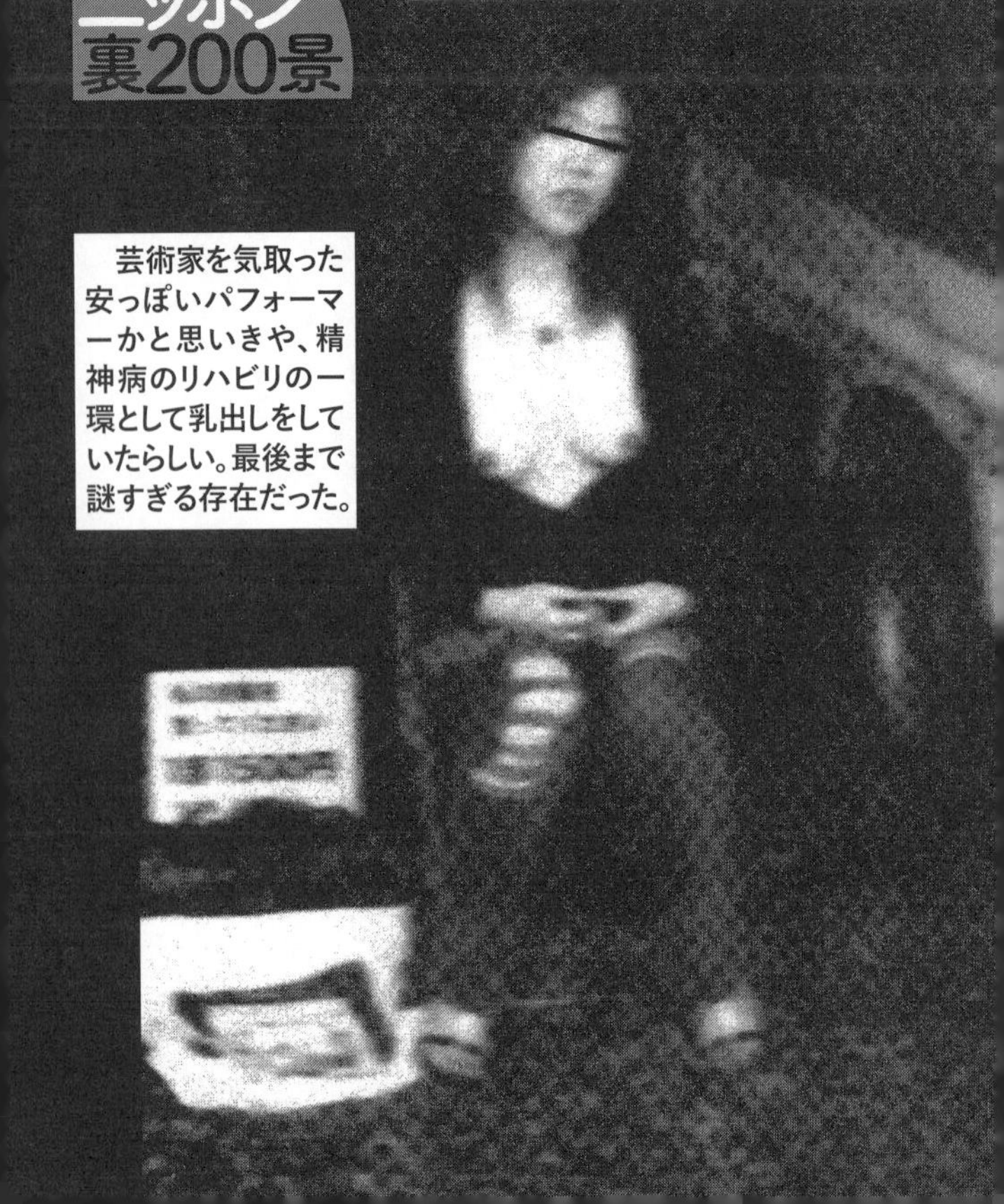

芸術家を気取った安っぽいパフォーマーかと思いきや、精神病のリハビリの一環として乳出しをしていたらしい。最後まで謎すぎる存在だった。

大阪・西成の丁半バクチと手本引き

西成の特徴をひとつ挙げるなら、あちこちでこれ見よがしに行われている違法バクチでしょう。

三角公園の周辺では、ドラム缶を台にした丁半バクチが。そのすぐ近所には馬、舟、自転車のノミ屋が堂々と営業していて、そのあまりの無法っぷりに目まいを覚えたほどです。

トドメは、とある住宅の一室で開かれていた本式の賭場（サイ本引き）でしょう。時代劇で観たのとまったく同じ光景に、底知れぬ恐怖を味わいました。

（編集部／藤塚）

勝負じゃ！

99年5月号
「三泊四日の小旅行、大阪西成で飲む打つ買う」

06年11月号
「06年晩夏 大阪西成で飲む打つ買う」

「裏モノJAPAN」
編集部が潜入・激写した
エロと犯罪の
決定的瞬間!
ニッポン
裏200景

一本道の両側に シロート立ちんぼが点在

07年10月
「池袋駅北口エンコー通りの実態」

ホテルサンシティから、auショップ、ゲオを経て駐車場へ至る一本道に、売春ギャルが点在していた時代があった。
現在、素人立ちんぼは西口の花壇に移動している。

精子を採取する部屋のオカズは裏ビデオ

08年3月号
「都内某病院に裏ビデオが流れる採精室があった!」

採精室
Sermen Collection Room

ザーメンコレクションルーム

すごい名前だ…

なんと、全チャンネルすべてモロ見えの裏ビデオ。人気女優、堤さやかの作品も
（誌面ではモザイク処理しました）

「裏モノJAPAN」編集部が潜入・激写した
エロと犯罪の決定的瞬間！
ニッポン裏200景

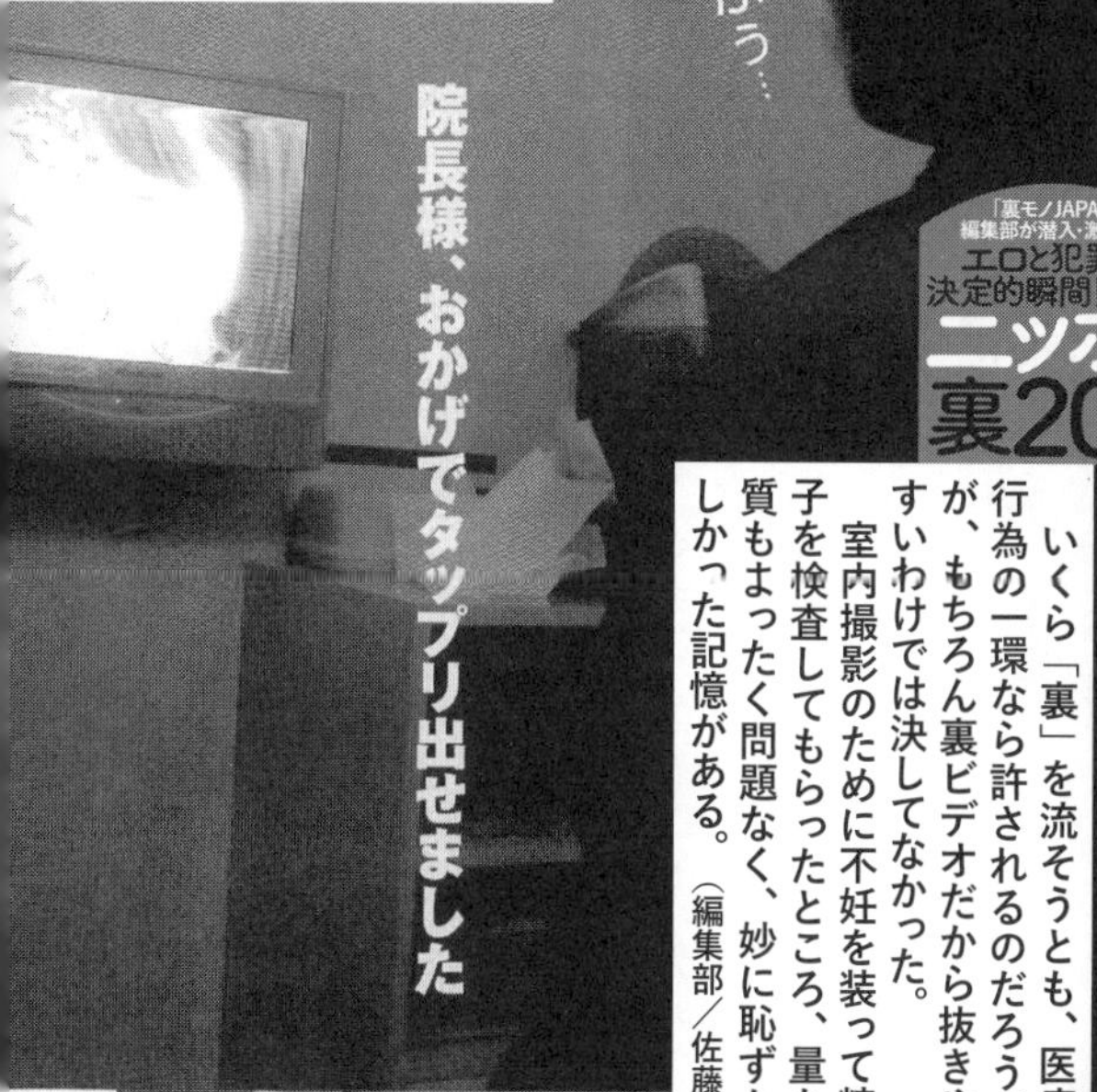

院長様、おかげでタップリ出せました

いくら「裏」を流そうとも、医療行為の一環なら許されるのだろう。が、もちろん裏ビデオだから抜きやすいわけでは決してなかった。

室内撮影のために不妊を装って精子を検査してもらったところ、量も質もまったく問題なく、妙に恥ずかしかった記憶がある。（編集部／佐藤）

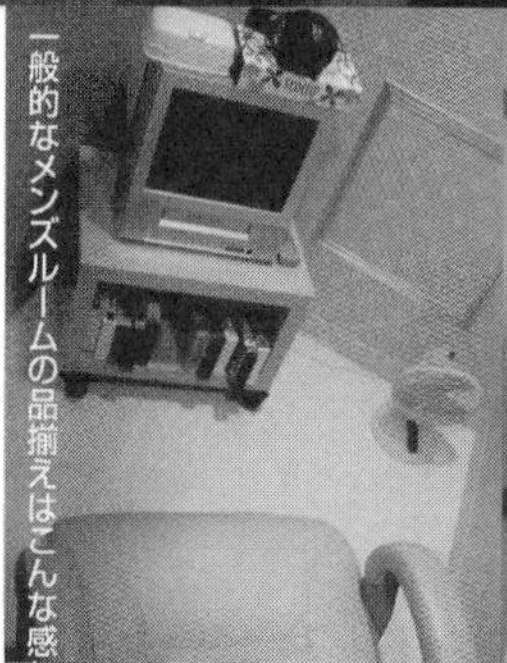

ちなみに雑誌は軽いものばかり。お好きな人もいるんでしょう

一般的なメンズルームの品揃えはこんな感じ。ヘッドフォンま

西武百貨店をうろつく金券おばちゃんの目論見は？

このおばちゃんは凄かった。金券屋の商品券でピーマンひとつだけを買って、少しずつ現金を増やしていく。面の皮がかなり厚くないとできない作業を10年も続けているのだから。後日デパートで見かけた時も、わき目もふらず少額の買い物を繰り返していた。

（編集部／佐藤）

秋葉原のオタクたちが大量に引っかかった

　絵画のチラシを愛想よく配る、きれいなオネーチャン。思わずそのチラシを手に取る女慣れしてないオタク青年。これが通称・エウリアンの常套手段で、ワナにかかった獲物は絵を買うまで絶対に逃がさない。
　15年に行政から指導を受けて、業者は解散したようだが、この種のビジネスはダマされる人間がいる限りなくなりはしない。

08年3月号
「東京・秋葉原にエウリアン襲来!!」

「裏モノJAPAN」
編集部が潜入・激写した
エロと犯罪の
決定的瞬間!
ニッポン
裏200景

刑務所を出てきたばかりの男たち

3年5月号

中刑務所の正門前で見た満期受刑者の出所」

ヤクザ映画のような出所シーンには巡り会えなかったが、やはり娑婆に出たばかりの人間は、とにかく嬉しいらしく、みな笑顔だった。ちなみにこの後、読者の協力で警察署内の留置所の面会にも訪れた。愛読者にこれだけ多くの犯罪者がいる本も珍しいと思う。

（編集部／タネイチ）

「裏モノJAPAN」編集部が潜入・激写した
エロと犯罪の
決定的瞬間!
ニッポン
裏200景

アノ騒音おばさんは実は被害者だった？

08年6月号
「『奈良・騒音おばさん』事件の意外な真相」

騒動の舞台となった奈良の某住宅街に行ってみると、騒音おばさん擁護の声が近所からチラホラ出てくるという意外な展開に。事件以前から騒音おばさんが特定の住民にイジメられていたなど、本当はもっと複雑な事情が背景にあったようだ。

騒音おばさん本人も、ワイドショーで観たようなエキセントリックさは少しもなく、むしろ常識的な人物という印象だった。

（編集部／藤塚）

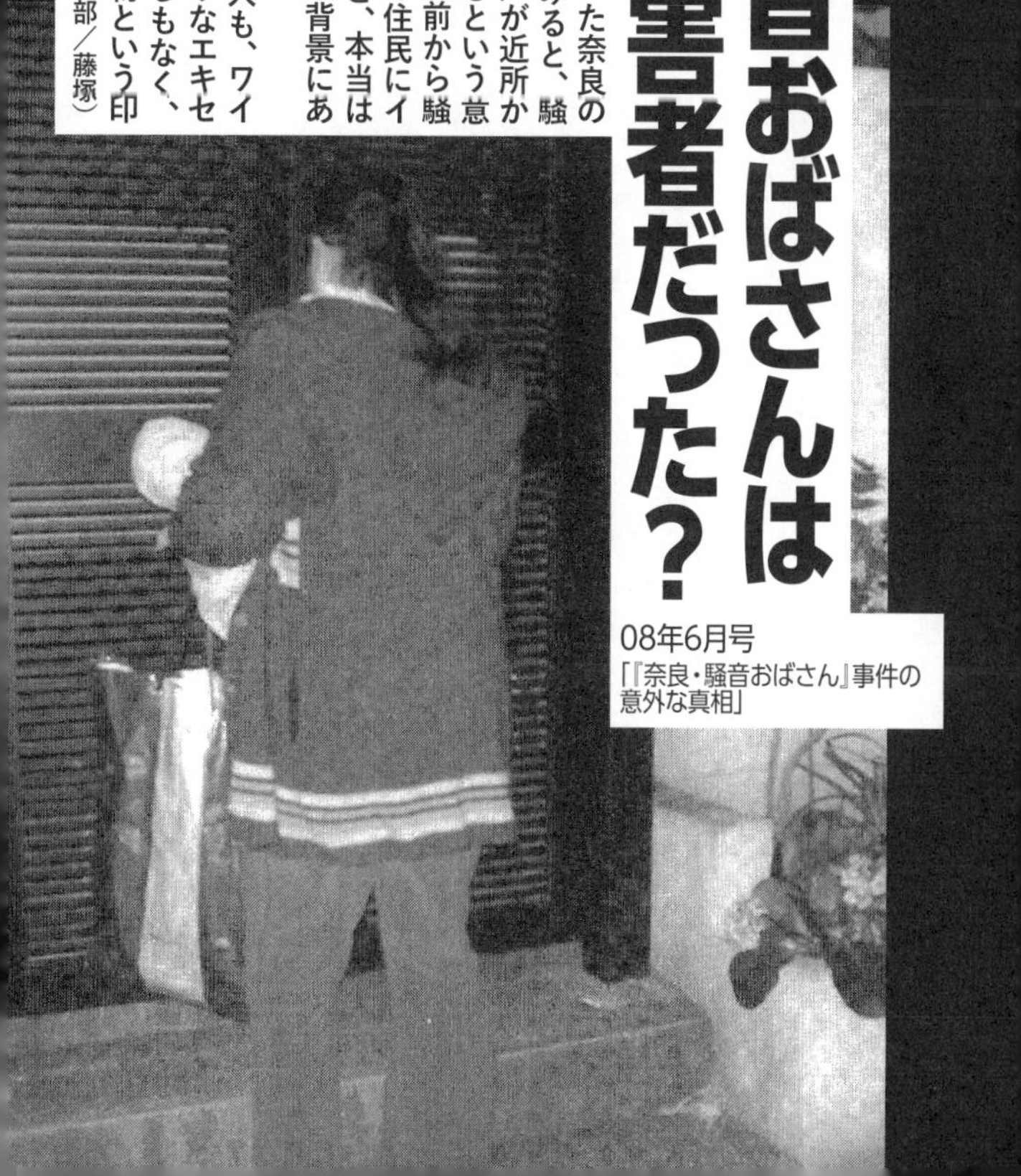

[0003/0004]
(86)
○176　4500円
○9
△16
△133
○262
△12
○105
○18
△28
250 .1箱分
383.2箱分
394.○○△

詐欺じゃないけど
シンドイパチンコ打ち子

08年8月号
「確実に儲かる完全合法の
"打ち子"バイトが在った!」

パチンコの〝打ち子〟バイトは大半がサギだ。しかしライターが潜入した組織はまっとうに稼ぐパチプロ集団で、記事ではその儲けのからくりを暴露した。写真はパチンコ遊戯中、チームリーダーから打ち子へ頻繁に届く指示メールの内容だ。

「裏モノJAPAN」
編集部が潜入・激写した
エロと犯罪の
決定的瞬間!
ニッポン
裏200景

11年4月号
「最大の夢を叶えた世界最小のヤリマン」

小人症に欲情する男は実は多い

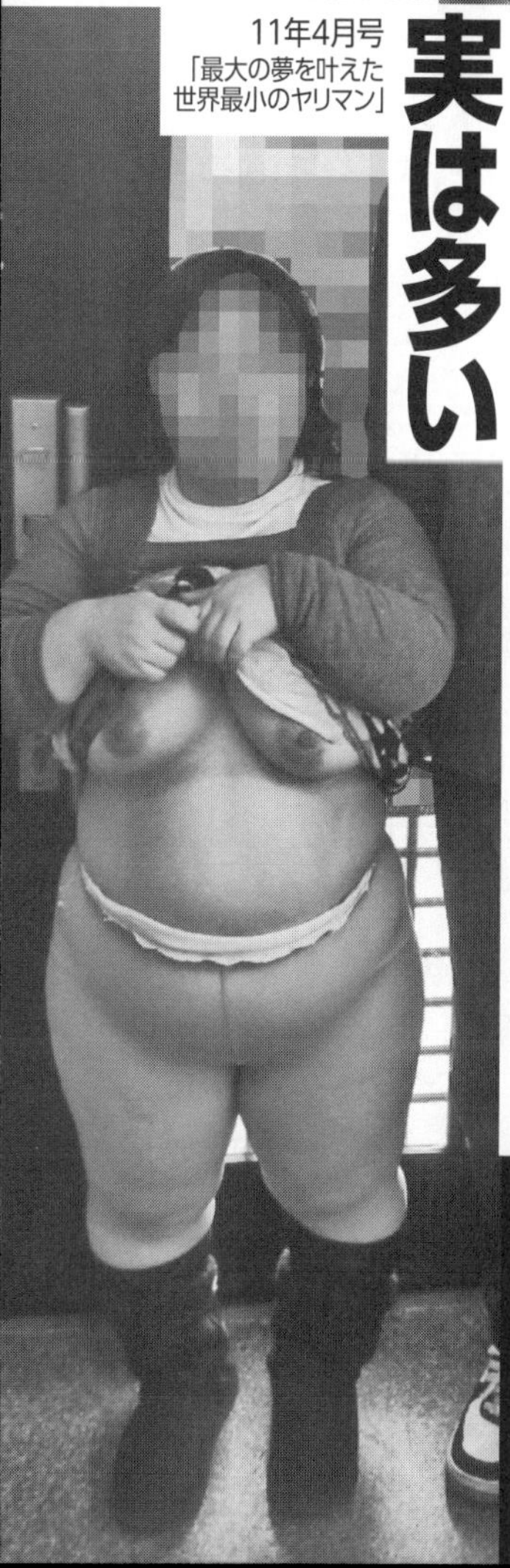

小人症のヤリマン女性の半生に迫った企画だ。彼女の告白からうかがい知れるのは、世の中には我々が思う以上に、小人症女性に対して欲情する男たちが多いということ。人間のフェチズムに際限などない。

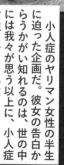

新宿ハイジアが素人立ちんぼのメッカだったころ

11年11月号
「ハイジアで100人の
素人立ちんぼを買った男」

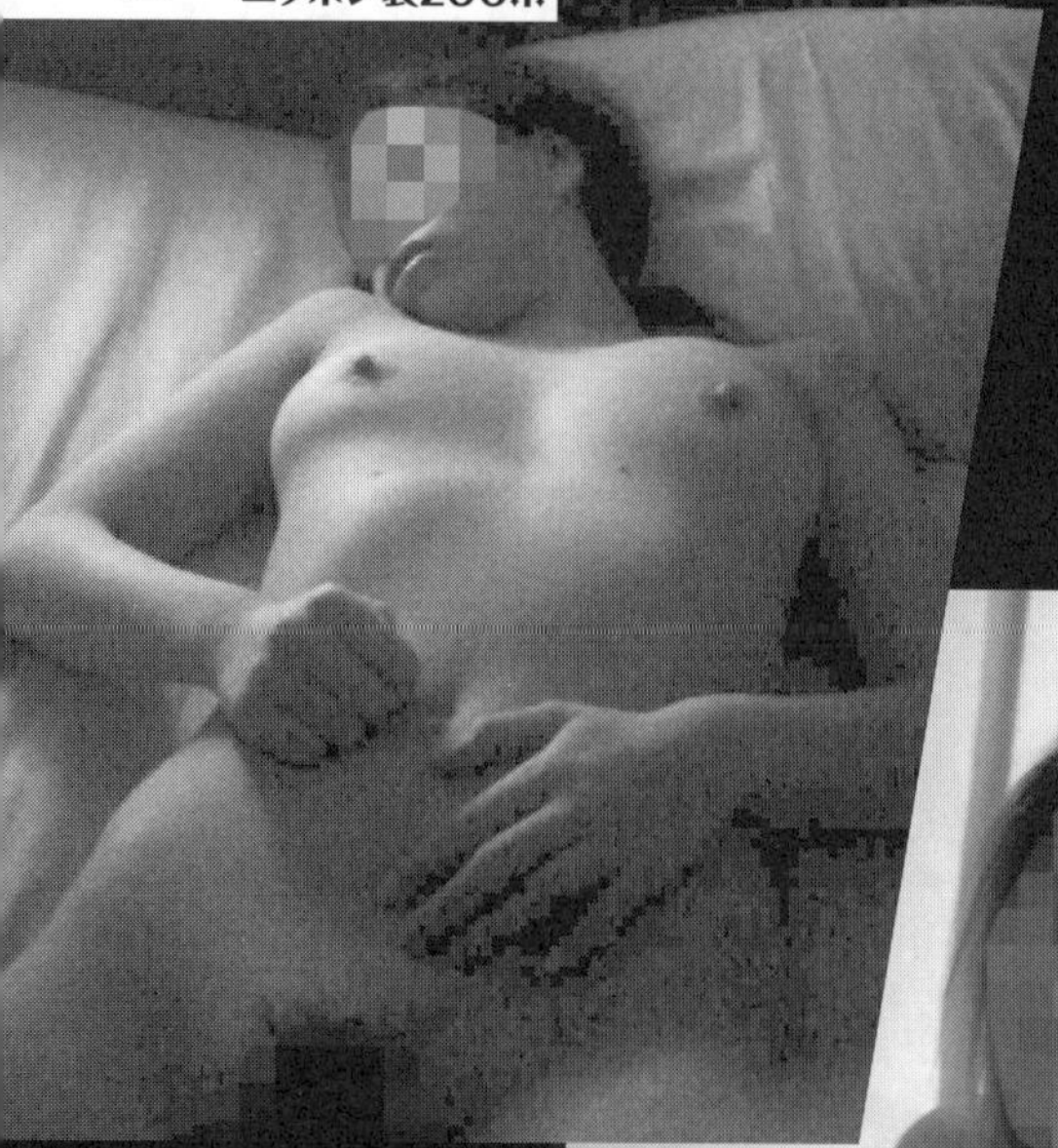

　都内随一の日本人シロート立ちんぼスポットの成り立ちから最盛期までを見続けてきた男性の買春記録。
　ここ最近は警察の取り締まり強化で元気のないハイジアだが、いつの日か再び元気を取り戻す日はやって来るのだろうか？

「裏モノJAPAN」編集部が潜入・激写した
エロと犯罪の決定的瞬間！
ニッポン裏200景

ぼったくり店員はまだ上野にいる…

12年2月号
「ぼったくりピンサロを許すまじ！」

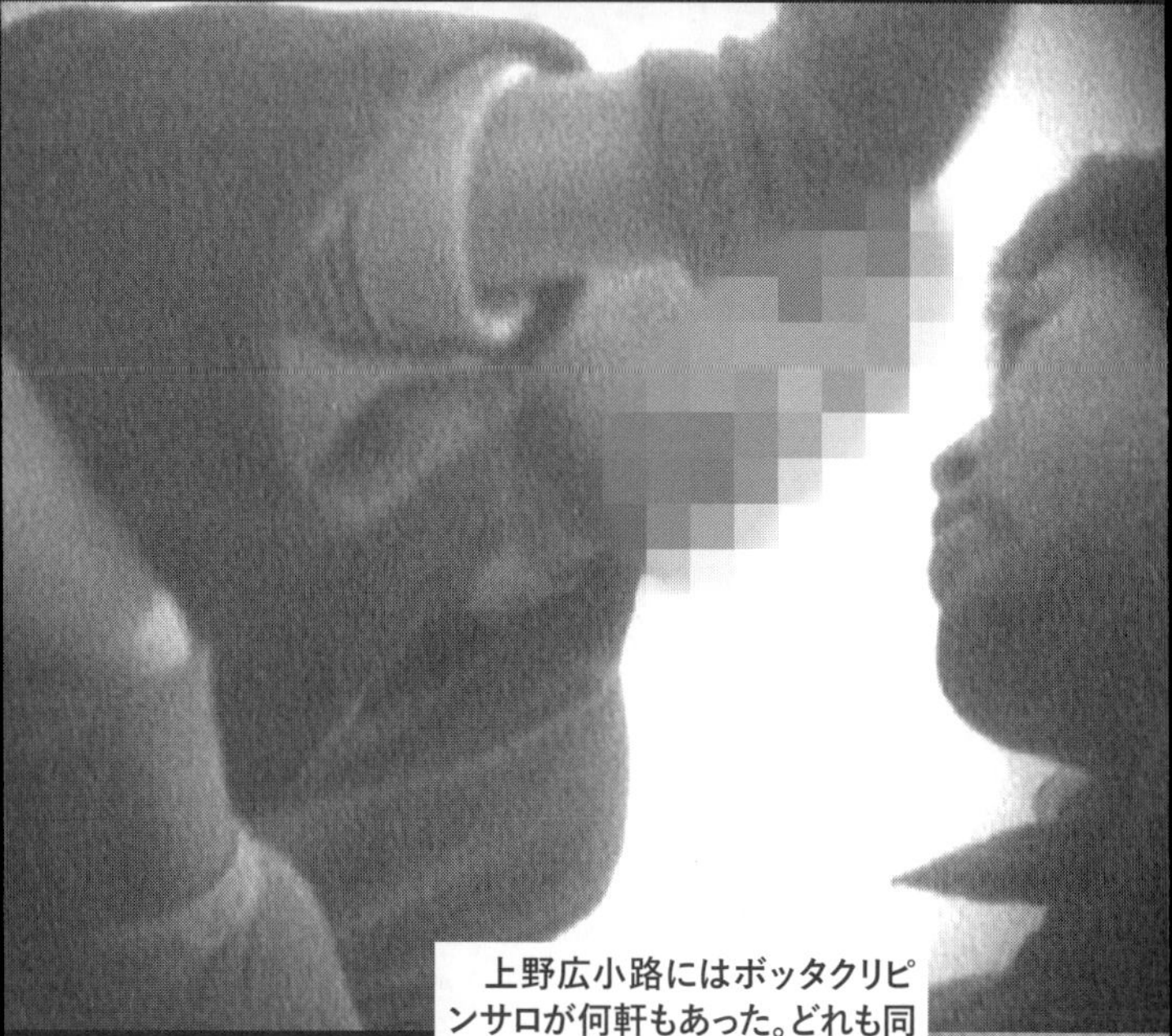

上野広小路にはボッタクリピンサロが何軒もあった。どれも同じようなシステムで、フェラで抜くだけで2万円。しかも、文句を言ったら店員にメンチを切れられたうえに恫喝されるハメに。

この店員、後に客をボコって逮捕されてからも、また上野に舞い戻ってます。（編集部／仙頭）

「裏モノJAPAN」編集部が潜入・激写した
エロと犯罪の決定的瞬間!
ニッポン裏200景

並んだ女から1人を選んで買える!

12年5月号
「芸人がこぞってプッシュする五反田フーゾクの激しい中身」

お笑い芸人が風俗話をするときは決まって五反田が舞台になる。新宿や渋谷の方が店舗数も多いはずなのに…。この疑問を解決するためM性感と本番ヘルスに潜入。今では当たり前となった五反田フーゾクの全貌を解き明かした。

12年4月号
「大阪発！ドライブスルー立ちんぼで誰を買う?」

台湾人立ちんぼを車で拾って車でプレイ

夜の谷町筋商店街には世にも珍しいドライブスルー立ちんぼがいた。ゆっくり車で前を通ると売春婦が寄ってきて値段交渉を始める。台湾人ばかりだが、車内プレイにも対応していて、サクッと抜くにはいいスポットだった。（編集部／仙頭）

「裏モノJAPAN」編集部が潜入・激写した
エロと犯罪の決定的瞬間！
ニッポン裏200景

アパートのどの部屋にも売春婦が！

12年3月号
「北関東の売春アパートを内見してきました」

「裏モノJAPAN」編集部が潜入・激写した
エロと犯罪の決定的瞬間!
ニッポン裏200景

北関東の繁華街近くのアパートで売春が行われていた。ありがちな自宅エンコーではない。アパート一棟の全てが売春部屋になっていたのだ。料金は40分1万円。手ごろな値段で人気なのか、周囲には常連の男たちがワラワラと集まっていた。　（編集部／仙頭）

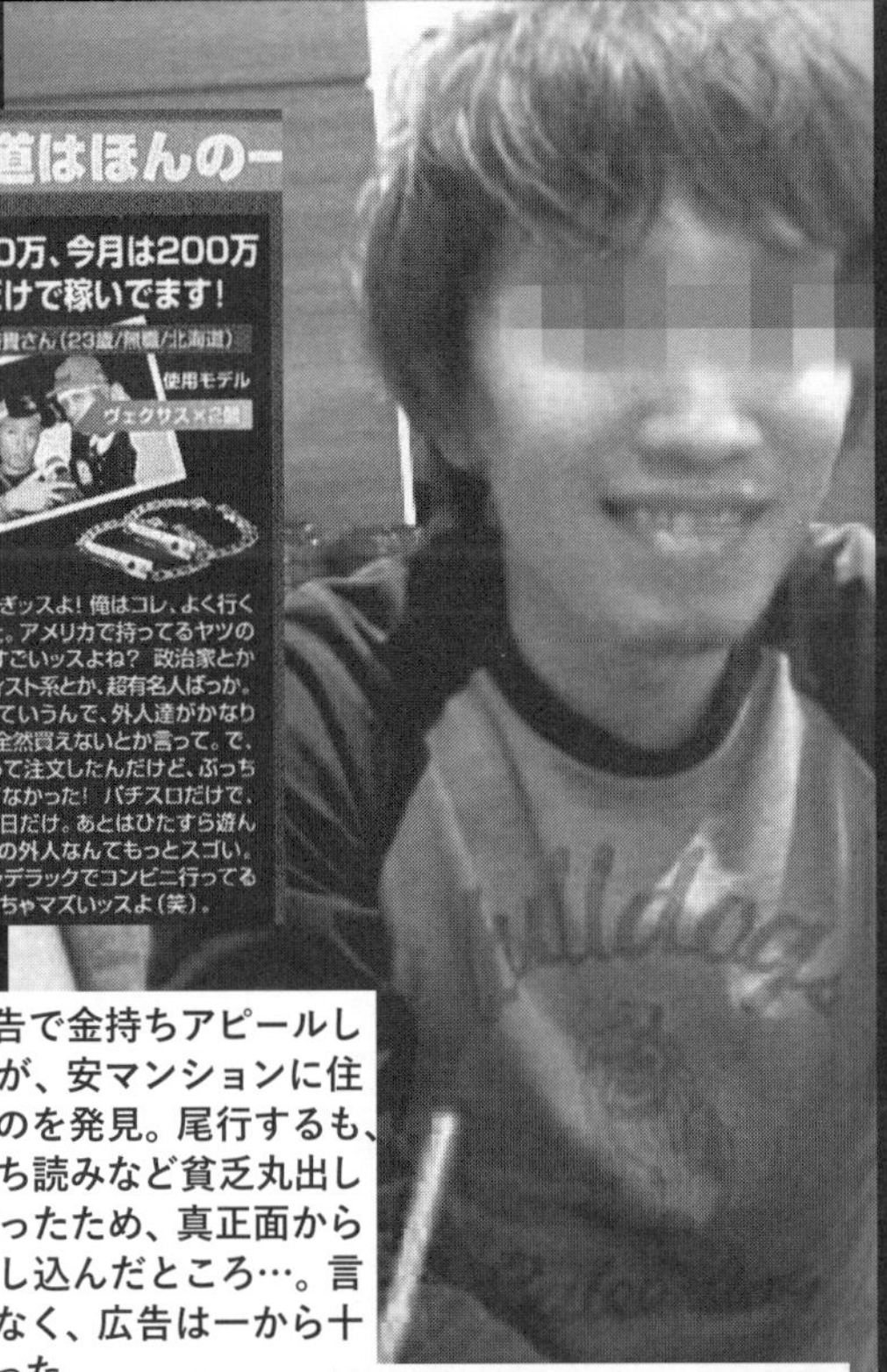

開運広告で金持ちアピールしていた男が、安マンションに住んでいるのを発見。尾行するも、松屋や立ち読みなど貧乏丸出しの行動だったため、真正面から取材を申し込んだところ…。言うまでもなく、広告は一から十まで嘘だった。

開運広告の男、カラクリのすべてをバラす

13年5月号
「開運ブレスレット広告のパチスロ月収200万男、貧乏のなりで発見！」

この女のせいでいつも使用中のトイレ

西新宿・高層ビル群に開かずの障害者用トイレがある。この噂を聞きつけて張り込んでみたら、トイレで客をとるエンコー女を発見！　ホテル代がかからないのは男にとってうれしいポイントだ。

「裏モノJAPAN」編集部が潜入・激写した
エロと犯罪の
決定的瞬間！
ニッポン裏200景

13年6月号

「西新宿の巨大ビル・三●ビルの某障害者用トイレがいつも使用中なのはある一人のエンコー女のせいだった」

アダルトグッズを購入した女達の自宅へ

都内の名簿業者からアダルトグッズ購入者のリストを入手し、女性購入者たちの家に突撃。その顔を見てやろうという企画だ。

これだけ個人情報の取り扱いが厳しくなっているにもかかわらず、現在も名簿業者は大量に残っている。アダルトグッズは通販が多いので、今も最新リストが出回っていることだろう。

ちなみに、実際にドアを開けてくれた女性たちは地味顔ばかりだったが、バイブオナニーしてると思うとエロく見えるから不思議だ。

（編集部／タネイチ）

13年12月号
「大人のおもちゃ購入リストに載ってる女性のお宅訪問」

パソコンの価値がわからない高齢者をターゲットに、不当な金額で売りつける卑劣な行為。だいたい、官公庁の名前を借りているだけで、売るのは割高な中古PCだ。この業者は、現在も全国津々浦々でパソコンを売りさばいて、老人を食い物にしている。

いま現在も地方の老人を食い物にしてます

16年8月号

「『パソコンお譲りします』業者よ、なんてアコギな商売してんだ!」

JKを使って月にウン百万を稼いだ経営者

16年7月号
「JK回転売春ルームの恐るべき実態」

「裏モノJAPAN」
編集部が潜入・激写した
エロと犯罪の
決定的瞬間!
ニッポン
裏200景

このJK売春店は雑誌の発売から、数カ月で摘発された。当然、店主も逮捕されたのだが、その後、彼は歌舞伎町でサパークラブを経営し、現在では、都内でデリヘルを経営しているとのこと。本人曰く、当時はメチャクチャに儲かったそうで、月にウン百万円は懐に入っていたそうな。

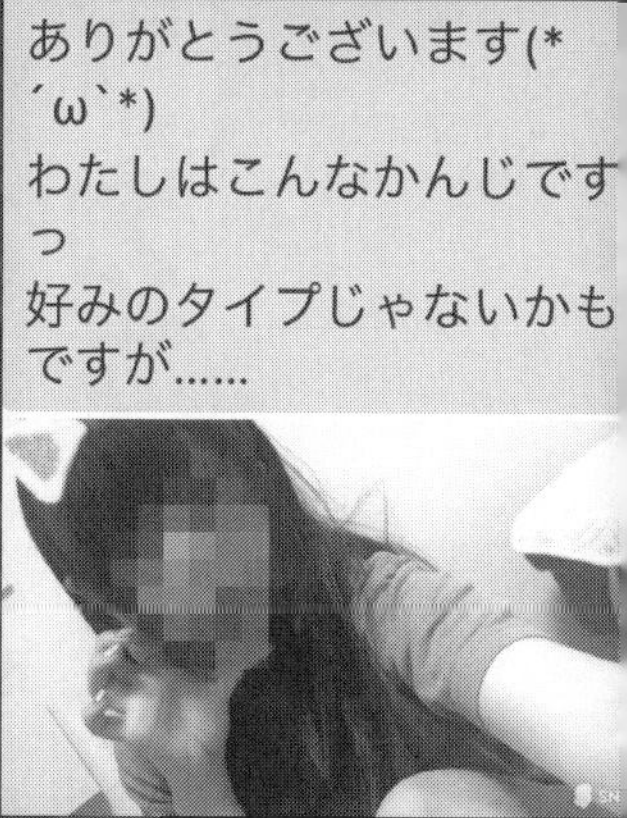
ありがとうございます(*´ω`*)
わたしはこんなかんじですっ
好みのタイプじゃないかもですが……

カワイイ女とエンコーしたいなら、ツイッターを活用する以外に手はないように思う。援デリなどのハズレはいるが、レベルの高さは、他の出会い系の比ではない。SNS時代を象徴する現象だ。

そしていま、エンコーの舞台はツイッターに

16年10月号
「ツイッター援交ではどんな女がやってくるのか?」

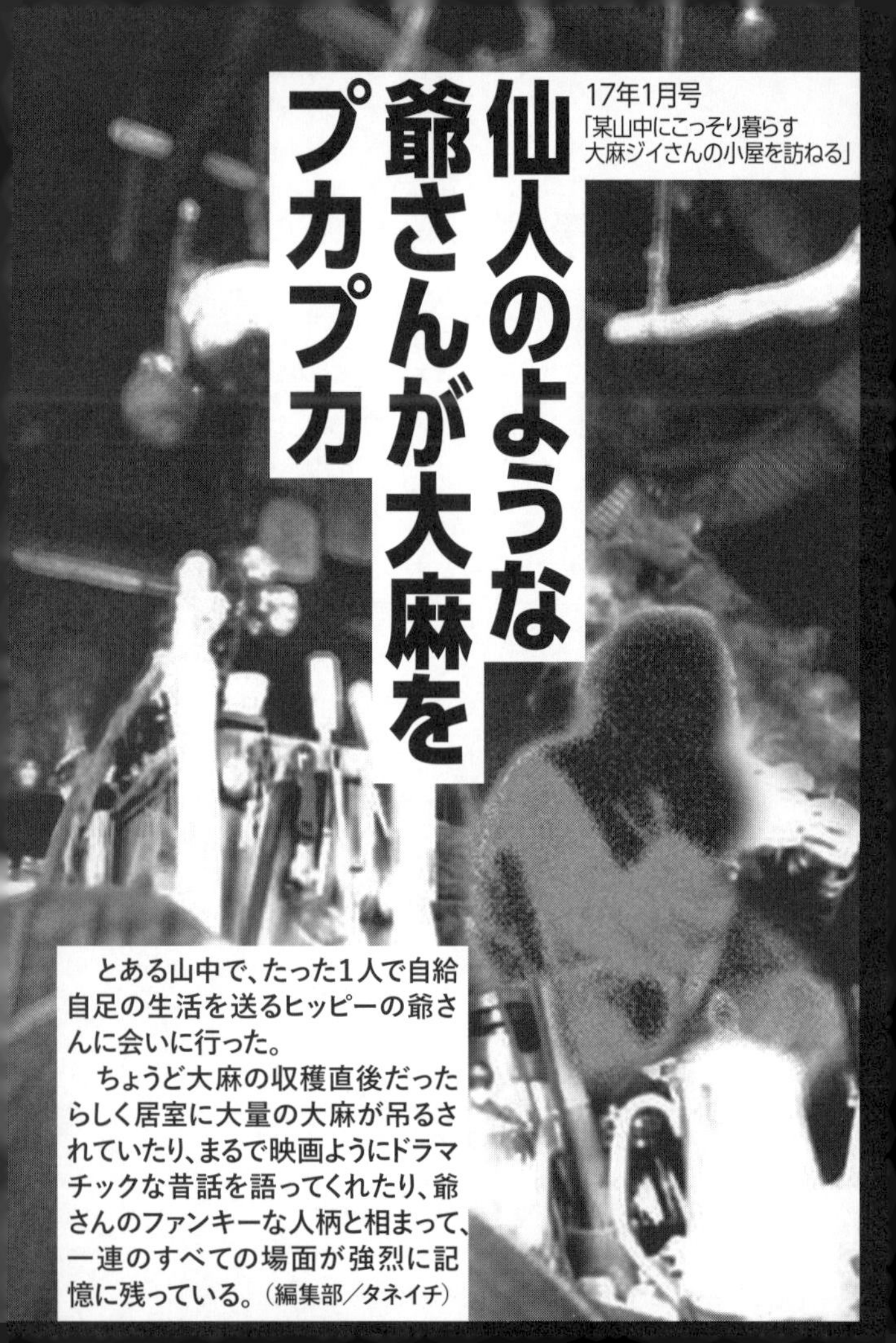

仙人のような爺さんが大麻をプカプカ

17年1月号
「某山中にこっそり暮らす
大麻ジイさんの小屋を訪ねる」

とある山中で、たった1人で自給自足の生活を送るヒッピーの爺さんに会いに行った。

ちょうど大麻の収穫直後だったらしく居室に大量の大麻が吊るされていたり、まるで映画ようにドラマチックな昔話を語ってくれたり、爺さんのファンキーな人柄と相まって、一連のすべての場面が強烈に記憶に残っている。（編集部／タネイチ）

幻覚剤をたしなむ秘密パーティに潜入

アヤワスカという幻覚剤を飲むパーティが都内で開催されている。部屋一面に布団を敷いて、液体を飲んで幻覚を楽しむ。参加者の中には嘔吐したり、号泣したりする奴も現れて、異様な光景が広がる。

「裏モノJAPAN」編集部が潜入・激写した
エロと犯罪の決定的瞬間!
ニッポン裏200景

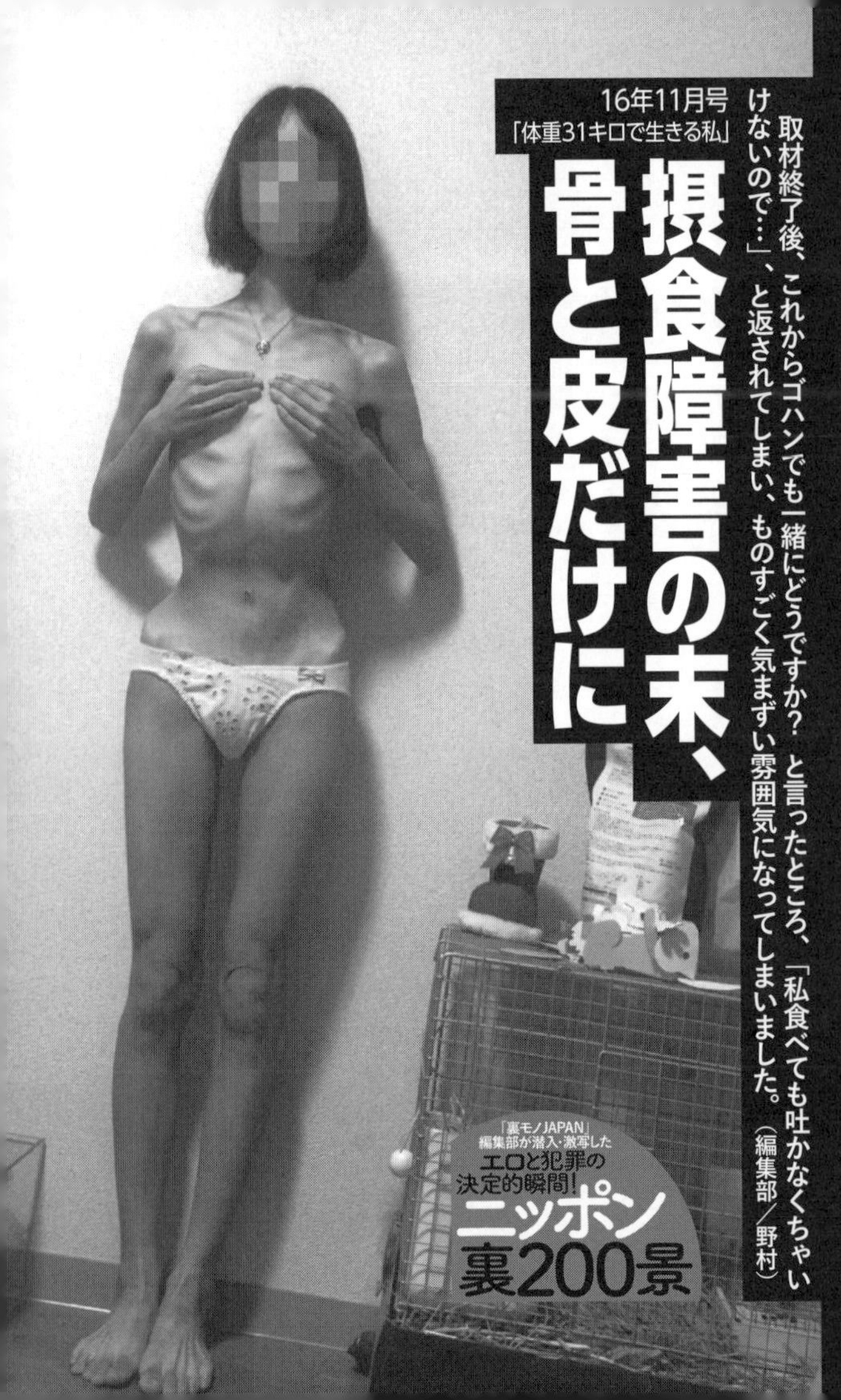

摂食障害の末、骨と皮だけに

16年11月号
「体重31キロで生きる私」

取材終了後、これからゴハンでも一緒にどうですか? と言ったところ、「私食べても吐かなくちゃいけないので…」、と返されてしまい、ものすごく気まずい雰囲気になってしまいました。（編集部／野村）

「裏モノJAPAN」編集部が潜入・激写した
エロと犯罪の決定的瞬間!
ニッポン裏200景

II

怨念神社に呪いの絵馬が並ぶ

東京・板橋区にあるこの小さな社は、一点、普通の神社と大きく異なる部分がある。奉納されているほぼすべての絵馬に、呪いの言葉が書き込まれているのだ。「(株)●●社のパワハラ●●課長、死ね!」「どうか●●田●子を不幸にしてください」「●●町3丁目の●●●●を地獄に落としてください」。

本人を特定しかねない個人情報をあえて添えるあたりに、憎しみの強さが現れている。

「裏モノJAPAN」編集部が潜入・激写した
エロと犯罪の決定的瞬間!
ニッポン裏200景

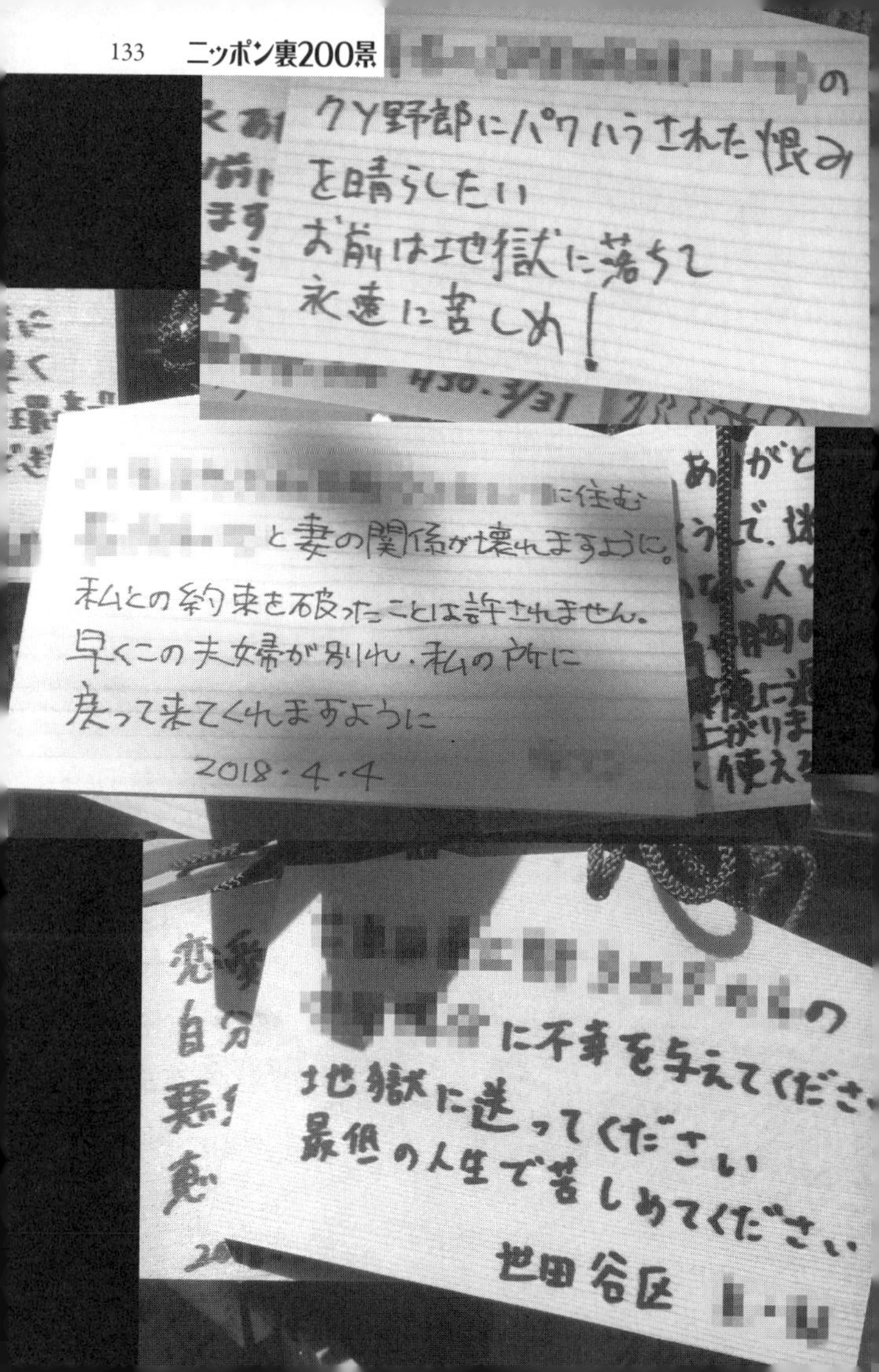
の
クソ野郎にパワハラされた恨み
を晴らしたい
お前は地獄に落ちて
永遠に苦しめ！
に住む
と妻の関係が壊れますように。
私との約束を破ったことは許されません。
早くこの夫婦が別れ、私の所に
戻って来てくれますように
2018・4・4
の
に不幸を与えてください
地獄に送ってください
最低の人生で苦しめてください
世田谷区

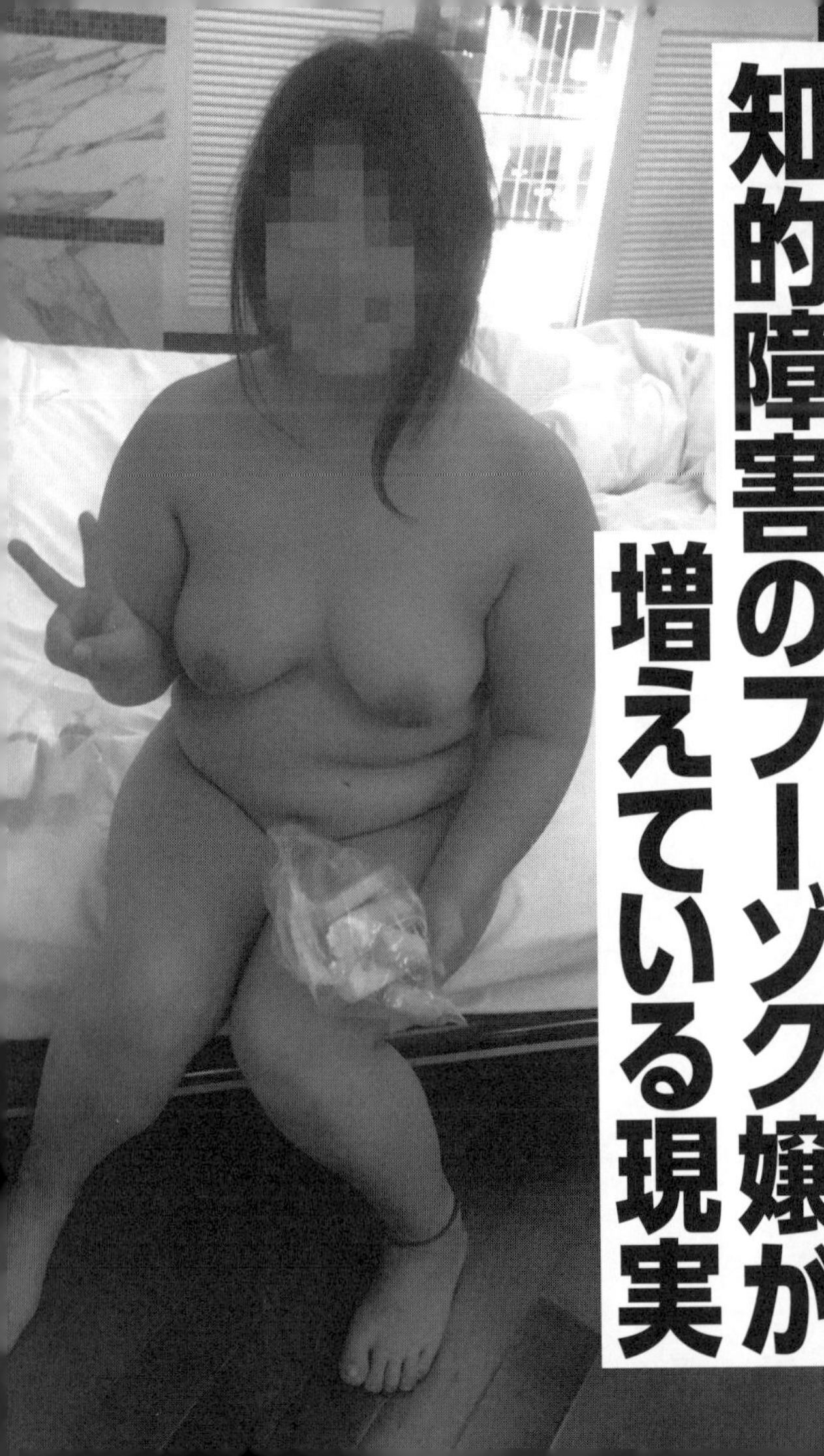

知的障害のフーゾク嬢が増えている現実

「裏モノJAPAN」
編集部が潜入・激写した
エロと犯罪の
決定的瞬間!

ニッポン 裏200景

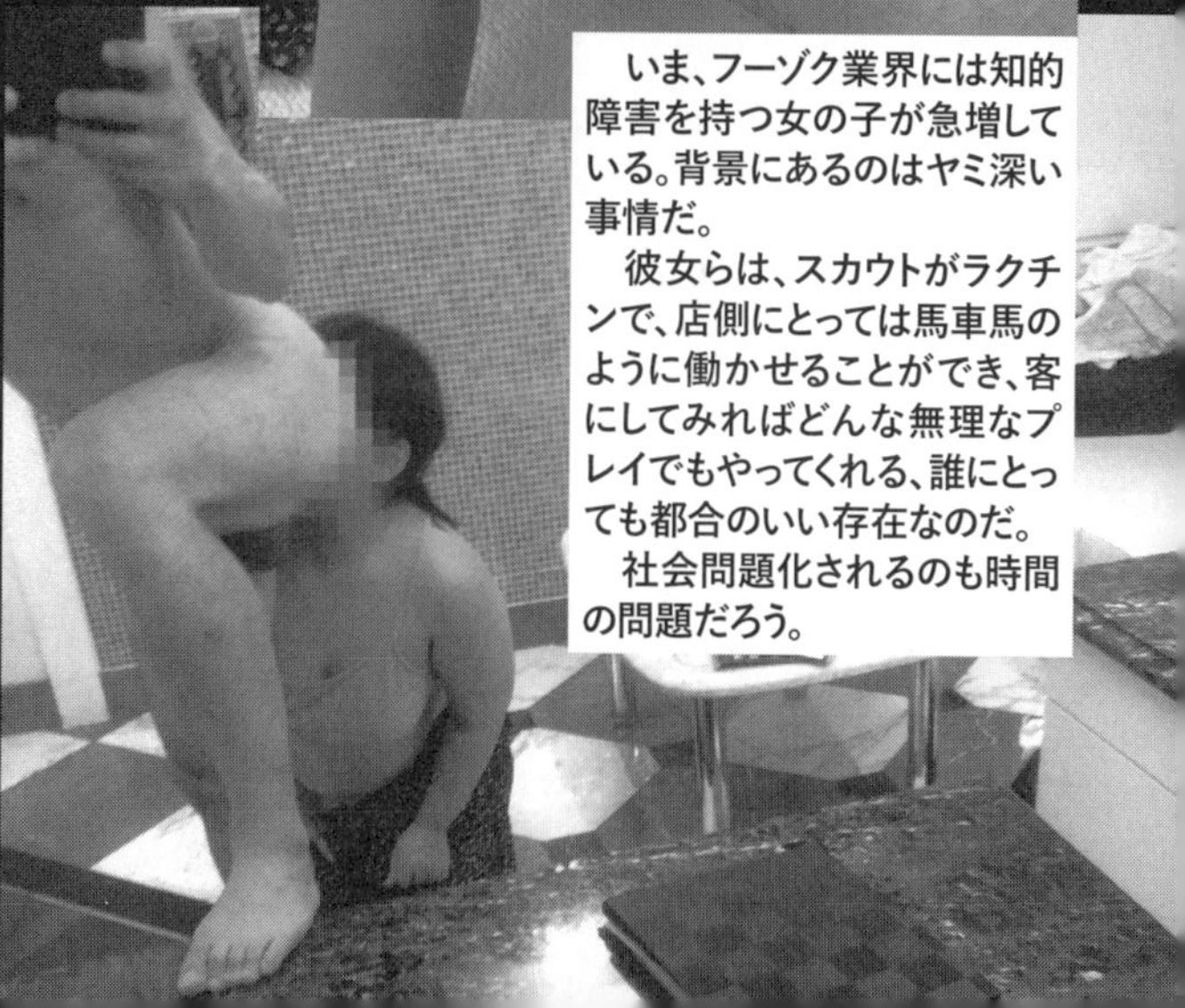

いま、フーゾク業界には知的障害を持つ女の子が急増している。背景にあるのはヤミ深い事情だ。

彼女らは、スカウトがラクチンで、店側にとっては馬車馬のように働かせることができ、客にしてみればどんな無理なプレイでもやってくれる、誰にとっても都合のいい存在なのだ。

社会問題化されるのも時間の問題だろう。

銀座コリドー街を代表する おまかせナンパ店

ここ数年で代表的なナンパスポットといえば銀座コリドー街だ。中でも盛況だったのが、このスイッチバーである。スイッチャーと呼ばれる店員が女性との会話をアシストしてくれるというシステムに助けられたシャイな男も多かったことだろう。

「裏モノJAPAN」編集部が潜入・激写した
エロと犯罪の
決定的瞬間!
ニッポン裏200景

ツユダクの尺八で知られる有名ワリキリ嬢

新宿の出会いカフェに出没する、超有名ワリキリ嬢。いつ、どこでもプレイができるようにウェットティッシュを大量に持ち歩いている。ツバダクという異名を持つほど唾液が出まくりのフェラ技で、今日も男たちのチンポから精子を絞り出していることだろう。

外国人が急増するニッポンの、ある一面

ここは市有地につき
使用を禁止する
这里是熊谷市
所有的土地，
严禁个人使用！

ここは市有地につき
使用を禁止する
熊谷市
熊谷警察署
这里是熊谷市
所有的土地，
严禁个人使用！
熊谷市　熊谷警察署

「裏モノJAPAN」
編集部が潜入・激写した
エロと犯罪の
決定的瞬間!
ニッポン
裏200景

数年で外国人が急増した地域の風景だ。埼玉県は川口市の芝園団地、熊谷市の玉井団地、品川区の荏原、そのどこでも、各国の言葉で書かれた張り紙を確認できる。中には公有地に勝手に畑を作る猛者も。

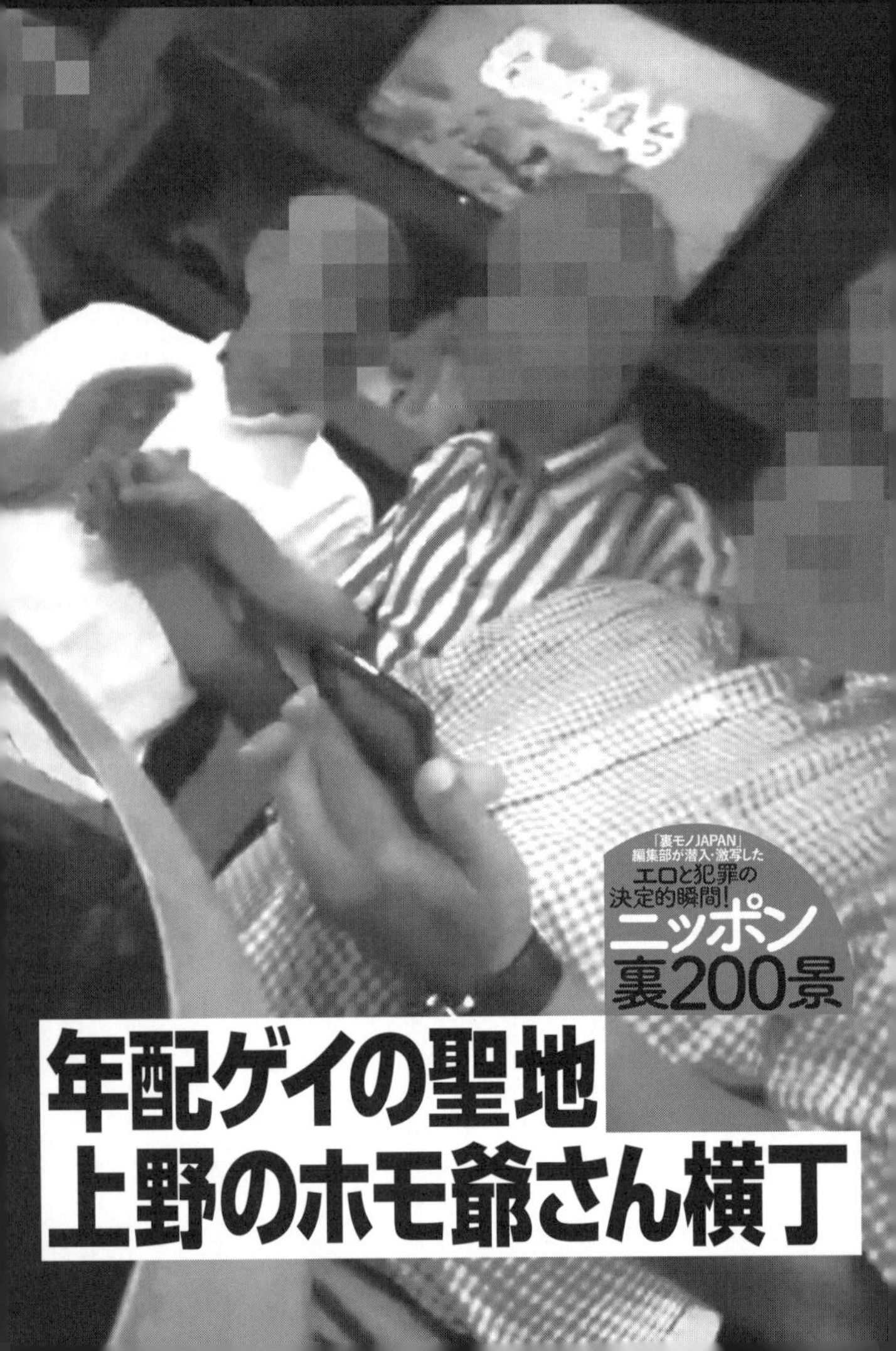

「裏モノJAPAN」編集部が潜入・激写した
エロと犯罪の決定的瞬間!
ニッポン裏200景

年配ゲイの聖地 上野のホモ爺さん横丁

新宿二丁目よりも歴史の古いゲイタウン、上野７丁目横丁のホモスナック街は、爺さんゲイたちの出会いの場になっている。カラオケの上手いホモ爺さんたち同士の微笑ましい交流にほっこりさせられる。

ナンパ前提の夢のスタンディングバー登場

男性客によるナンパが前提のスタンディングーが東京、恵比寿にオープンした。ナンパ前提のシステムにウソはなく、上手く口説ければ女性客をホテルに連れ込める。

この店は現在も人気で、全国18店舗にまで拡大している。

「裏モノJAPAN」
編集部が潜入・激写した
エロと犯罪の
決定的瞬間!
ニッポン
裏200景

女装子が抜いてくれるビデオボックス

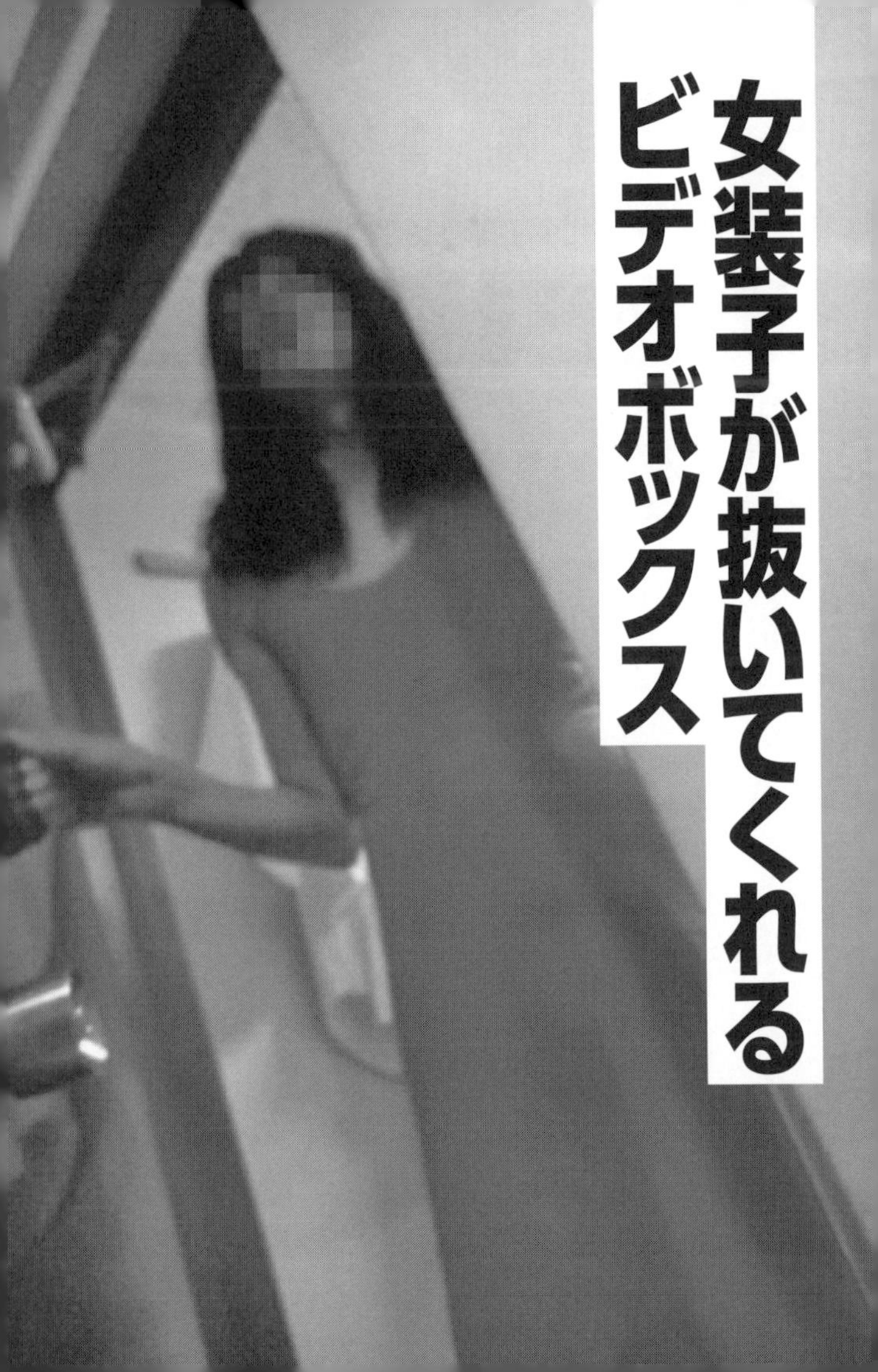

東京や大阪には、素人女装子が抜いてくれるビデオボックスがある。彼女たちは、ビデボに来た男たちのチンポをしゃぶりたがっており、元々男だけにフェラが上手い。女装子と絡みたいマニアたちの間では定番の抜きスポットらしい。

「裏モノJAPAN」
編集部が潜入・激写した
エロと犯罪の
決定的瞬間!
ニッポン
裏200景

イキたい女性向けの逆性感マッサージ

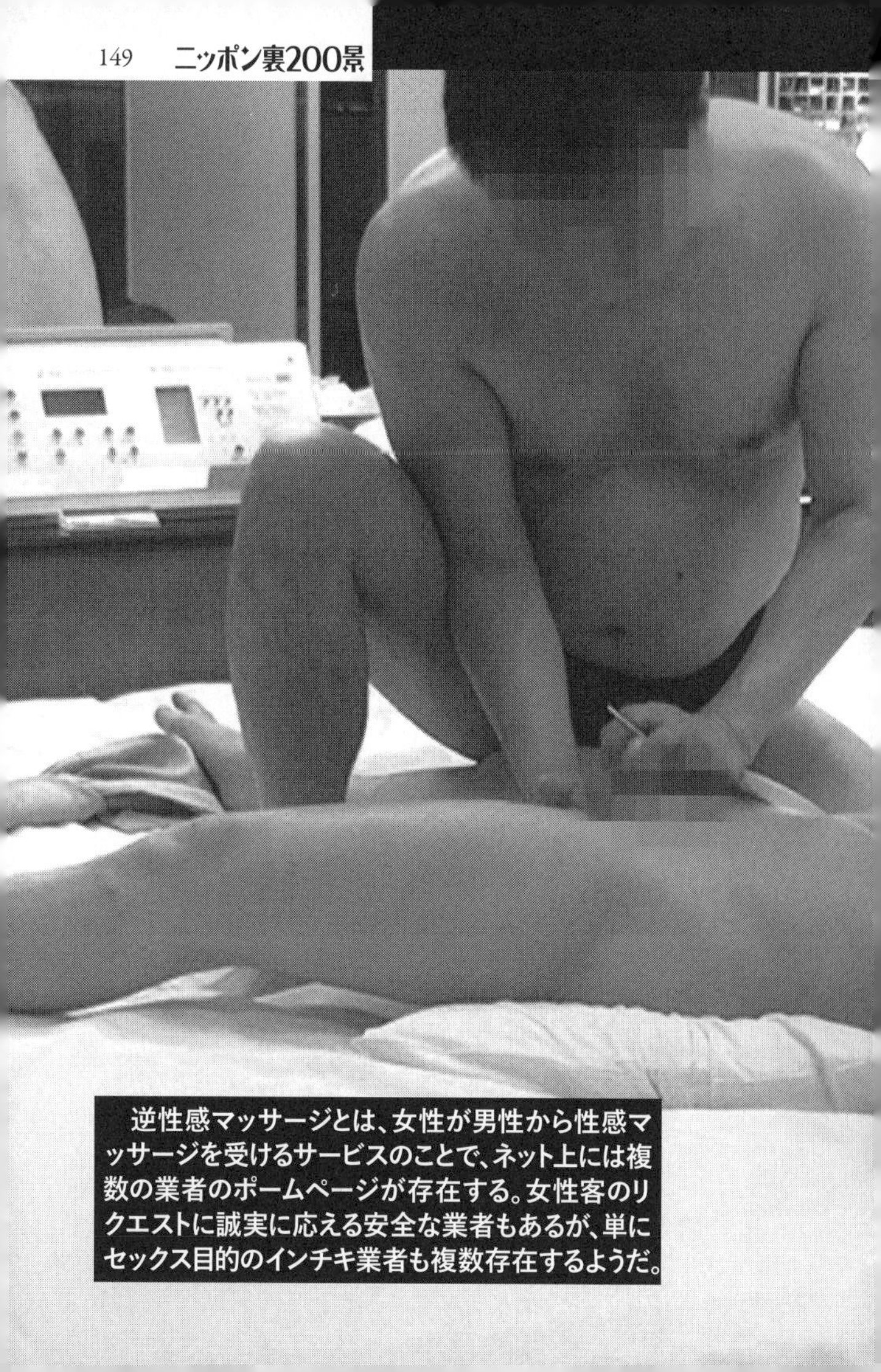

逆性感マッサージとは、女性が男性から性感マッサージを受けるサービスのことで、ネット上には複数の業者のポームページが存在する。女性客のリクエストに誠実に応える安全な業者もあるが、単にセックス目的のインチキ業者も複数存在するようだ。

爺さん客で賑わう浅草の老舗ハプニングバー

東京・浅草に、客の年齢層がやたらと高いハプニングバーがある。ハプバーといえば、30代から40代がメインだが、ここは50代〜70代が中心。料金も安く、店内はのんびりとした雰囲気で、キャラの濃い常連たちが場を仕切っている。店内は連日、年配客で満員だ。

公園に夜な夜なやってくる
吉木りさ似のフェラ好き痴女(?)

東京・足立区の東綾瀬公園に、吉木りさ似の痴女が出没する。ホームレスの汚いチンコが好きな美女として有名だが、実はチンコがついている。でも見た目は美女。不思議な存在である。

日本3大ゲイプールの一つ「沼プー」の昼下がり

日本には3大ゲイプールと呼ばれる公営プールが存在する。東京の芝公園プール（通称、芝プー）、大阪の真田山プール（サナプー）、そして3つ目が埼玉の沼影プール（沼プー）だ。

どこも平日から多くのゲイが集い、泳いだり日焼けしたりと思い思いの時間を過ごしている。彼らの目的は日焼けとスイミングだが、出会いや視姦を楽しむゲイも少なくない。

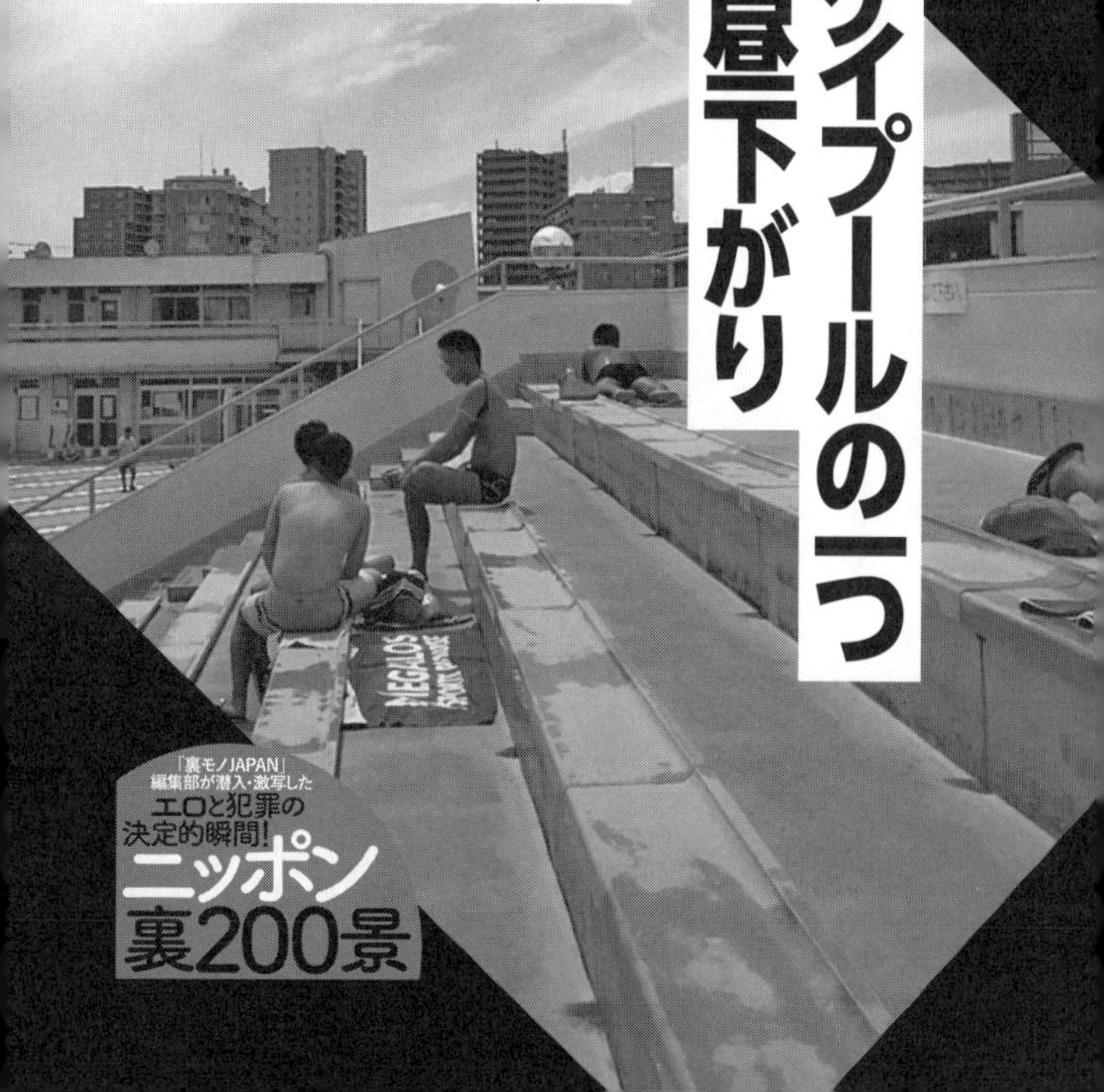

「裏モノJAPAN」編集部が潜入・激写した
エロと犯罪の決定的瞬間!
ニッポン裏200景

ディルドをアナルに突っ込んで抜けなくなった!

新宿でバーを経営する男性が持つ衝撃のレントゲン写真。なんとこれ、腸の中に入ってしまったディルドなのだ。アナル遊びがエスカレートし、奥に入り込んで抜けなくなるという悲劇。最後は病院で全身麻酔の手術の末に取り出した。

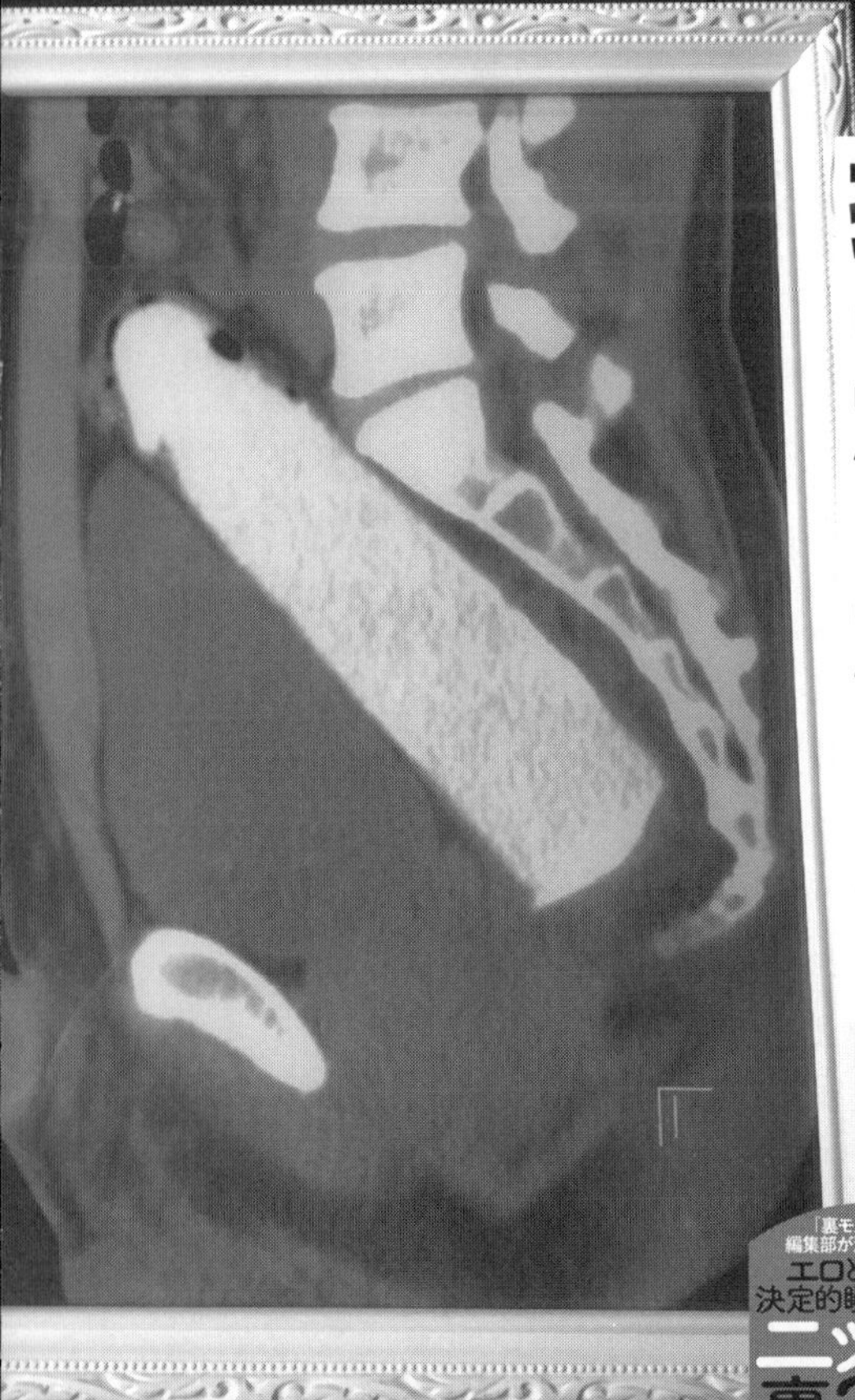

六本木「マハラジャ」が熟女ディスコと化している。バブル時のときめきよ、もう一度！　とばかりに、着飾ったおばちゃんたちが押し寄せているのだ。当然、それを狙ったナンパおっさんも多し。

六本木のディスコにバブルおばさんが押し寄せる

「裏モノJAPAN」編集部が潜入・激写した
エロと犯罪の決定的瞬間!
ニッポン裏200景

混浴には必ずワニがいる

露天混浴で有名な群馬県・宝川温泉には、常にワニがウヨウヨしている。湯船から顔を出して女性の入湯を待つ男たちだ。もちろんワニの生息地はここだけではない。日本全国、混浴にワニありき。

シロート売春婦が池袋西口に大集合

池袋西口にはシロート売春婦が集まっている。駅前広場のベンチ、西口公園、東武デパート入り口あたりに、ソレっぽいのがウロチョロ。どれも一癖ある女ばかりだが、ときどき美形が混じっているのが興味深い。

「裏モノJAPAN」編集部が潜入・激写した
エロと犯罪の決定的瞬間！
ニッポン裏200景

女のウンコを
客が奪い合って食す

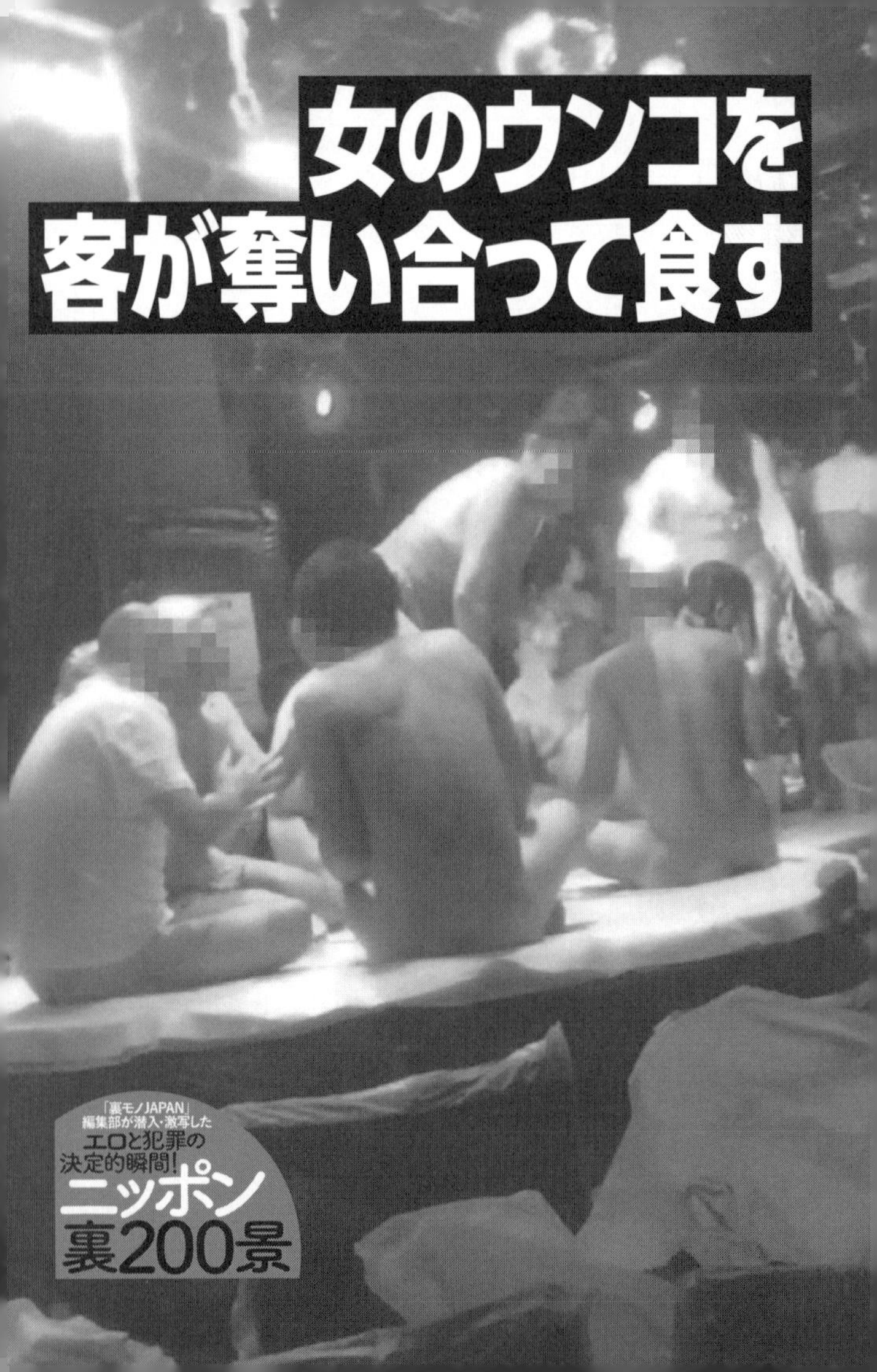

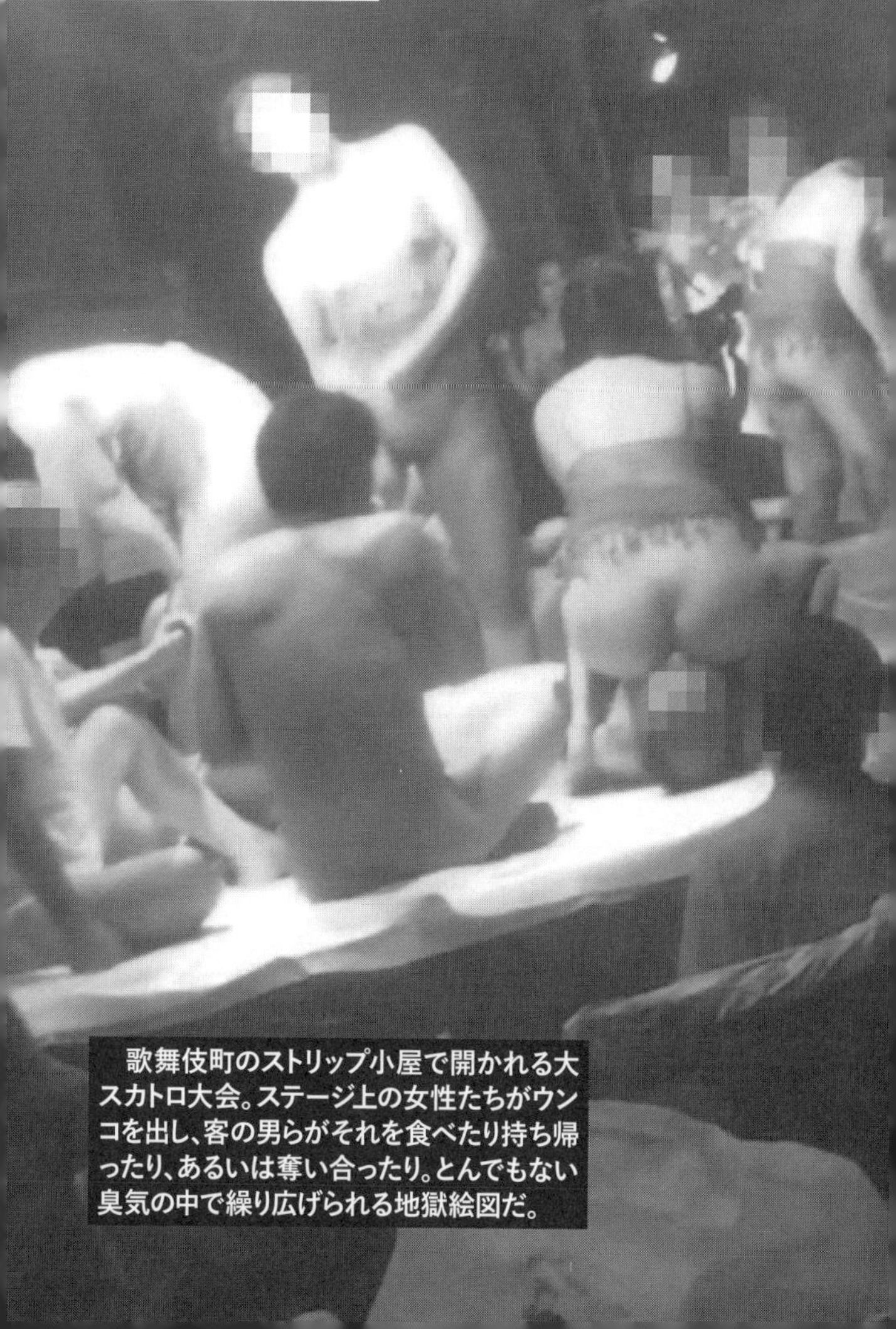

歌舞伎町のストリップ小屋で開かれる大スカトロ大会。ステージ上の女性たちがウンコを出し、客の男らがそれを食べたり持ち帰ったり、あるいは奪い合ったり。とんでもない臭気の中で繰り広げられる地獄絵図だ。

完全個室のネカフェが売春の舞台に

「裏モノJAPAN」編集部が潜入・激写した
エロと犯罪の決定的瞬間!
ニッポン裏200景

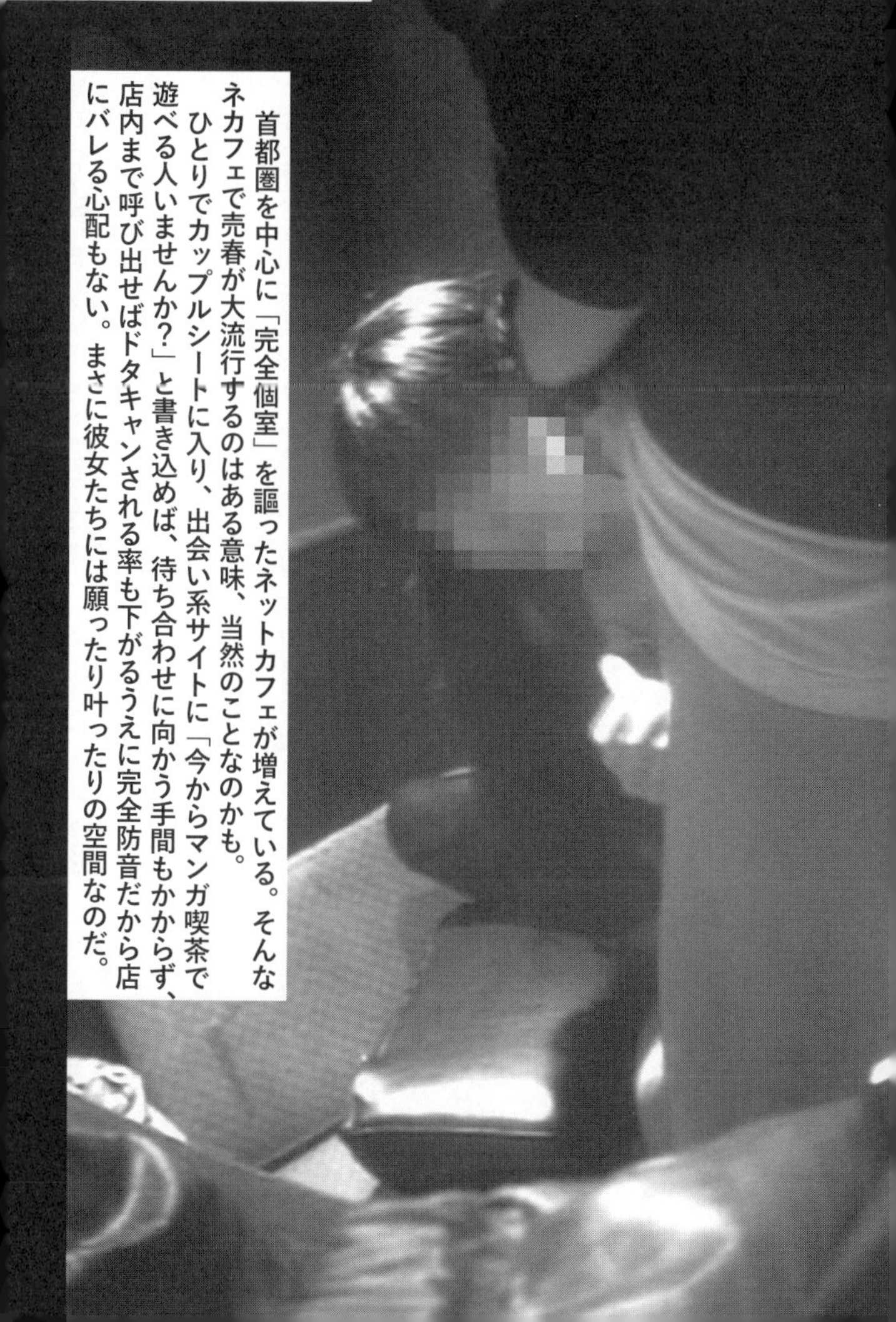

首都圏を中心に「完全個室」を謳ったネットカフェが増えている。そんなネカフェで売春が大流行するのはある意味、当然のことなのかも。

ひとりでカップルシートに入り、出会い系サイトに「今からマンガ喫茶で遊べる人いませんか?」と書き込めば、待ち合わせに向かう手間もかからず、店内まで呼び出せばドタキャンされる率も下がるうえに完全防音だから店にバレる心配もない。まさに彼女たちには願ったり叶ったりの空間なのだ。

全国のこっそり堂
こっそりと姿を消す

全国の田舎の山道などにたたずむ謎のアダルトショップ、こっそり堂。誰に需要があるのかと思いきや、意外と客は多かった。おしとやかな男はエロをこっそり買うのだ。

18年夏、経営者が青少年保護育成条例違反で逮捕され、日本中のこっそり堂はこっそりと姿を消した。

「裏モノJAPAN」編集部が潜入・激写した
エロと犯罪の決定的瞬間!
ニッポン裏200景

処女だって婚活したい！ でもすぐにはヤラせません！

14年ごろ、処女限定の婚活サイトが登場した。とはいえ当然ながら、処女を証明するものは何もないのだが、実際に現れた女性はたしかに気弱そうな、ホテルまで行っておきながらヤラせない、いかにもな子だった。現在もサイトは存在する。

レズ風俗で優しい手マンやクンニを

レズ女性に向けたフーゾク、レズフーゾク。手マンやクンニなどでいちゃいちゃするだけの、男にはよくわからない内容ながら、そこそこ需要はあるようだ。

「裏モノJAPAN」
編集部が潜入・激写した
エロと犯罪の
決定的瞬間!
ニッポン
裏200景

凶暴な町、川崎の一夜

　神奈川県川崎市は一部の間で、治安の悪さにかけては関東随一と言われている。
　ヤクザ事務所がやたらと多く、ヤンキーの人口密度と生活保護の受給率もずば抜けて高い。おまけに不法滞在の不良外国人もわんさかいるってんだから、おそらく本当のことなのだろう。
　写真は、ヤンキーがホストっぽい髪型の男を暴行してる現場である。

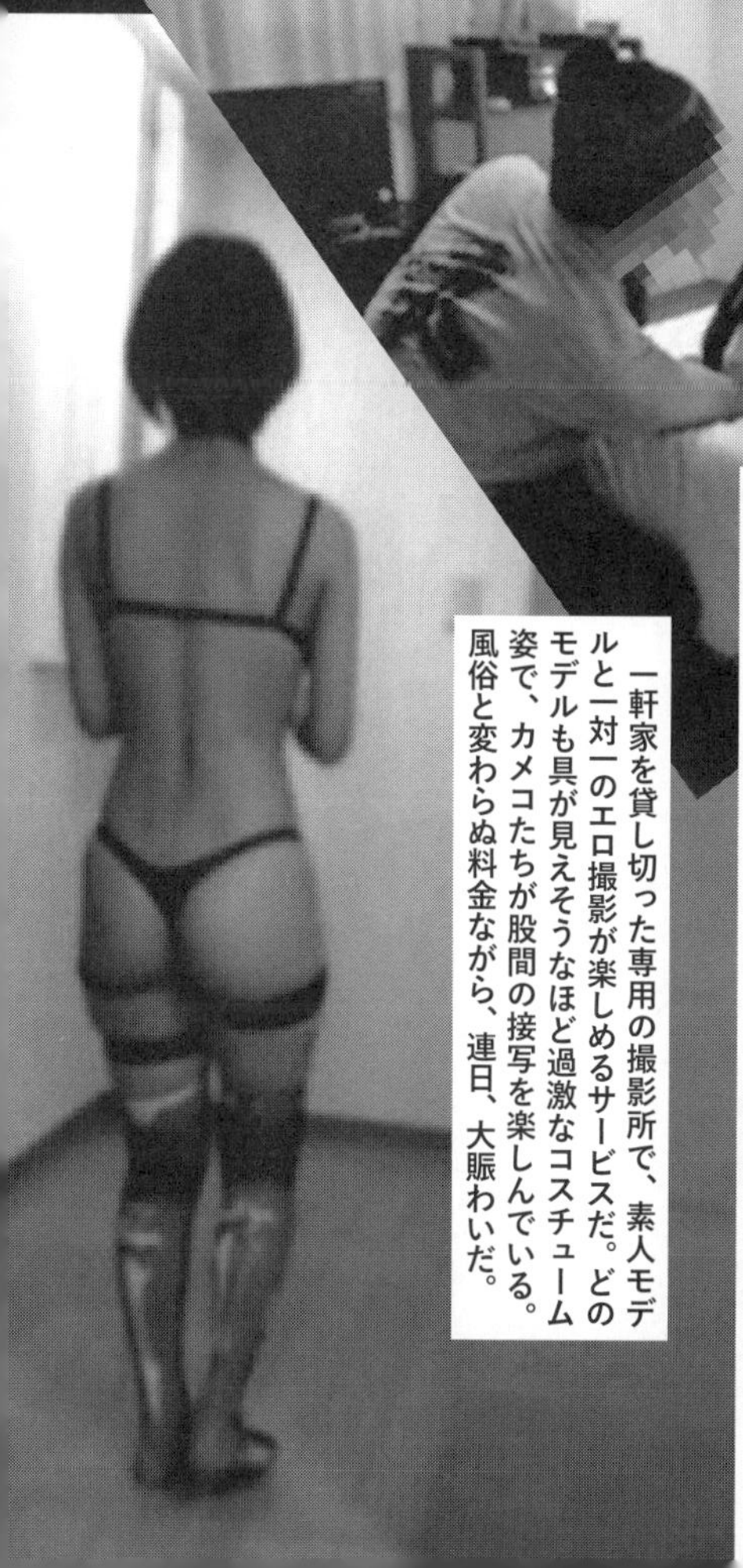

具まで見えそうな過激モデル撮影会

一軒家を貸し切った専用の撮影所で、素人モデルと一対一のエロ撮影が楽しめるサービスだ。どのモデルも具が見えそうなほど過激なコスチューム姿で、カメコたちが股間の接写を楽しんでいる。風俗と変わらぬ料金ながら、連日、大賑わいだ。

砂防ダムを不法占拠する人々

京都市北区にある砂防ダム。その内側に60年以上にわたって住み続けている住人が数多く存在する。いくつもの住宅が軒を連ねる様は一見フツーの集落だ。しかし、そもそも砂防ダムに定住すること自体が不法占拠であり、現在、京都市側は住人に立ち退きを求めているが、その交渉は難航をきわめているという。

「裏モノJAPAN」編集部が潜入・激写した
エロと犯罪の決定的瞬間!
ニッポン裏200景

「裏モノJAPAN」編集部が潜入・激写した
エロと犯罪の決定的瞬間!
ニッポン裏200景

乳首だけしか触らせない女ども

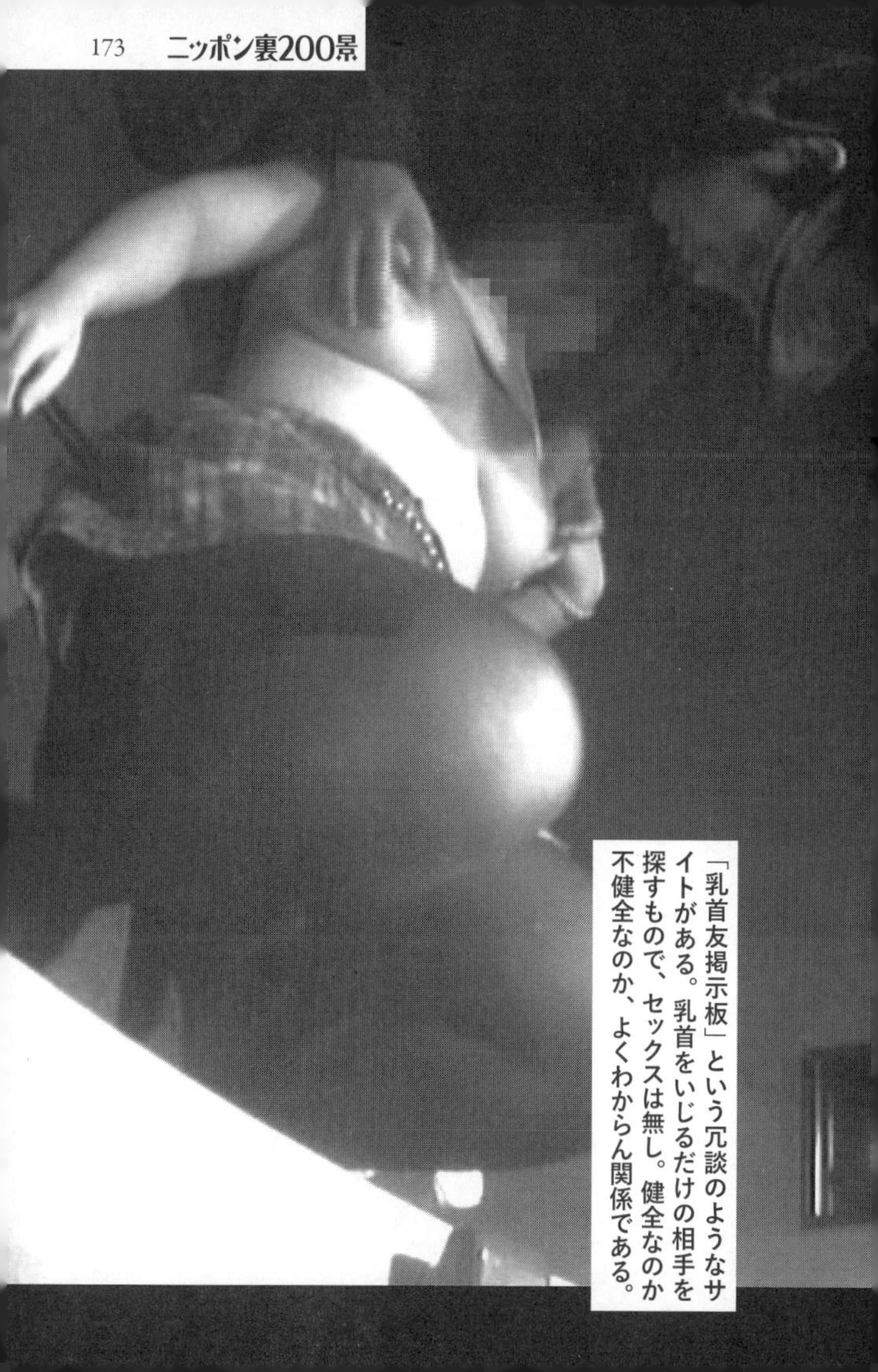

「乳首友掲示板」という冗談のようなサイトがある。乳首をいじるだけの相手を探すもので、セックスは無し。健全なのか不健全なのか、よくわからん関係である。

くすぐられたい女という謎の生き物

「くすぐりパートナー専用掲示板」という、くすぐり、くすぐられを目的とした舞台がある。くすぐられたい女をさんざんコチョコチョしても性的関係はなし。マニアは奥深い。

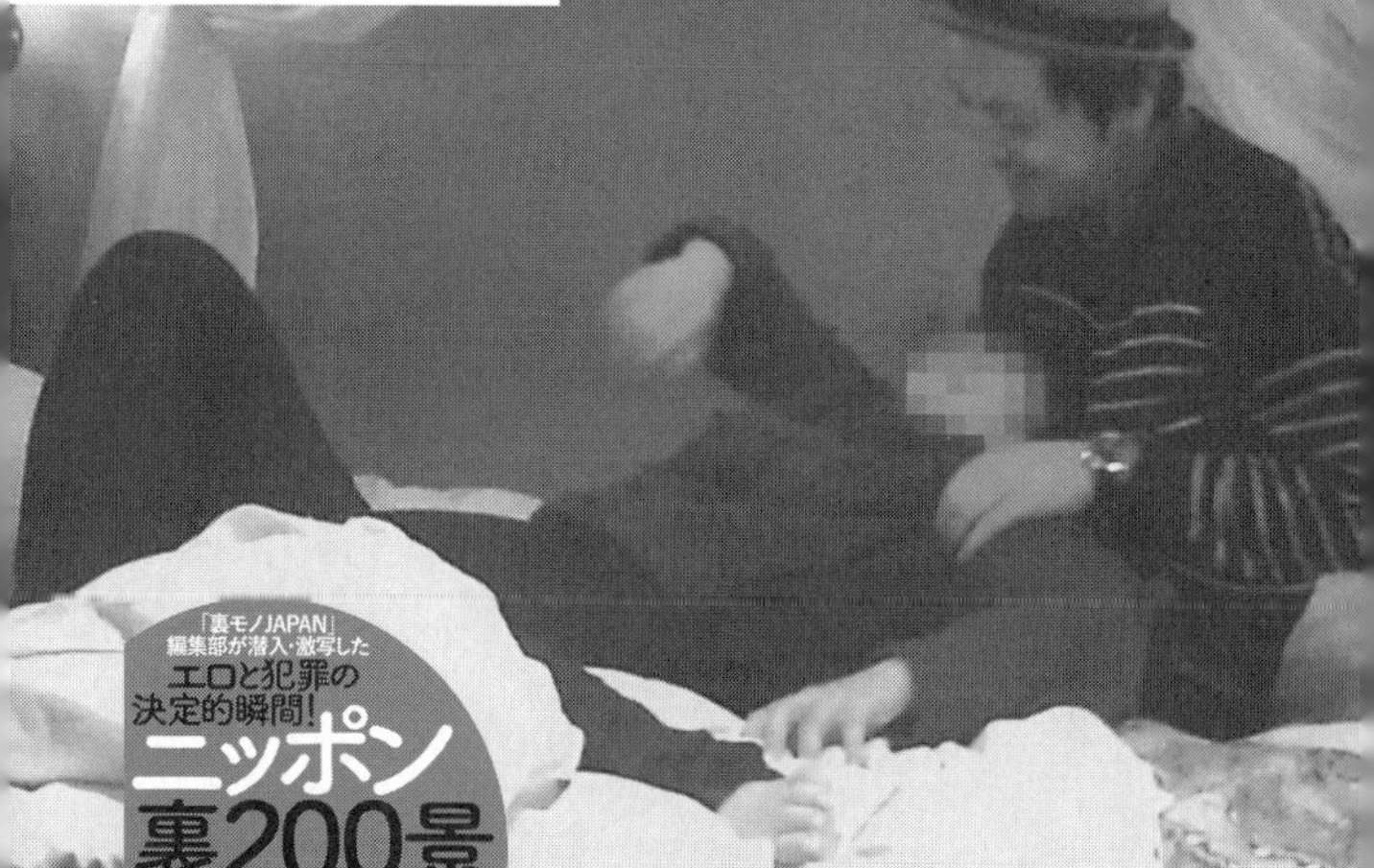
「裏モノJAPAN」
編集部が潜入・激写した
エロと犯罪の
決定的瞬間!
ニッポン
裏200景

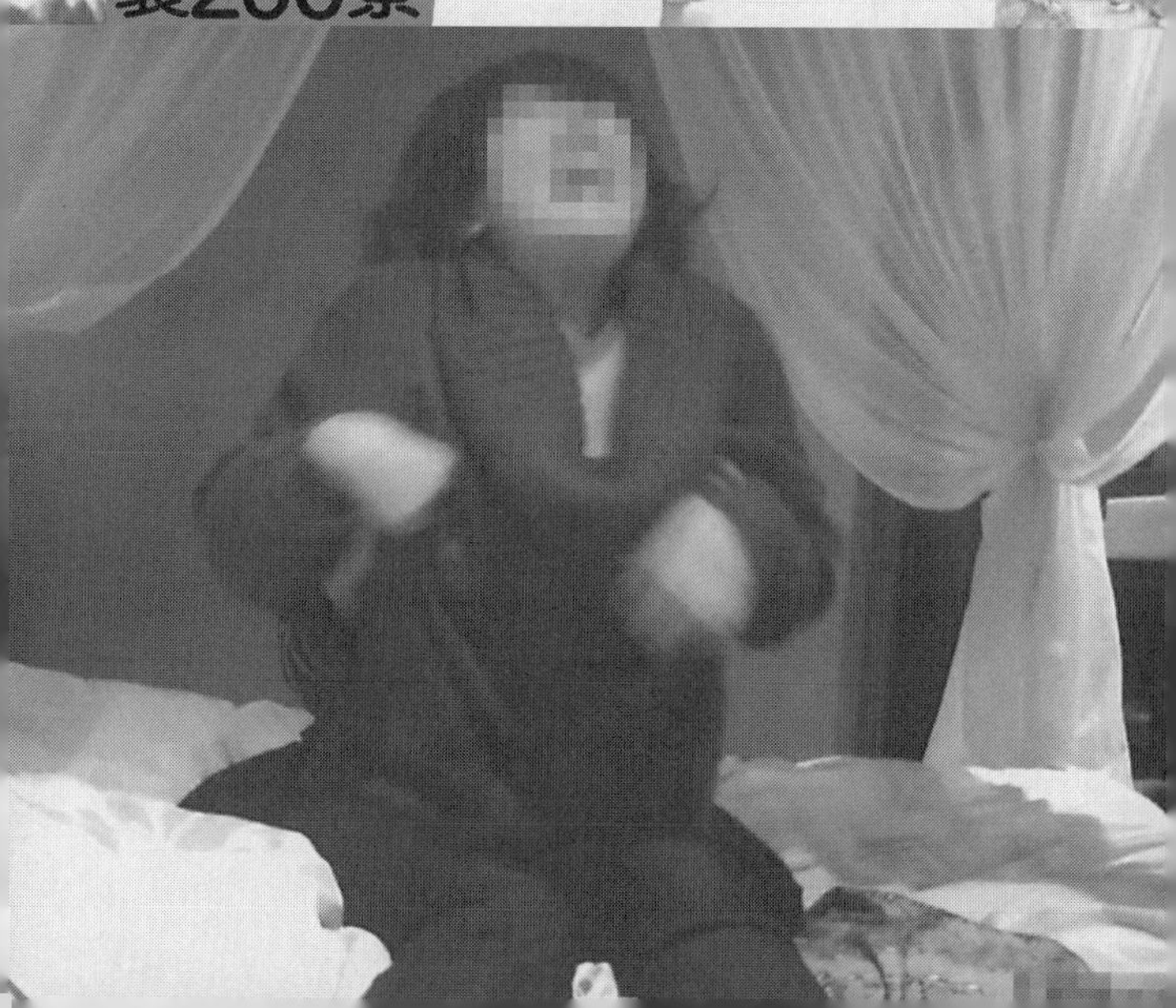

「裏モノJAPAN」
編集部が潜入・激写した
エロと犯罪の
決定的瞬間!
ニッポン
裏200景

たった3千円で一発できるパチンコ売春

パチンコ売春がネットを介して行われている。負けて金がなくなった女が男を店に呼び出し、近場でサクっとヤラせる。しかも安ければ3千円ほどで。パチ中毒はかくも恐ろしい。

エロカラオケは、露出狂の隠れ家というサイトで募集されるエロイベントだ。主催者のカップルと単独男でカラオケに入店。歌いながら、服を脱いで、チンコ舐めて、最後にはセックスまでやってしまう。最高の乱痴気騒ぎだ。

歌って脱いで舐めるエロカラという遊び

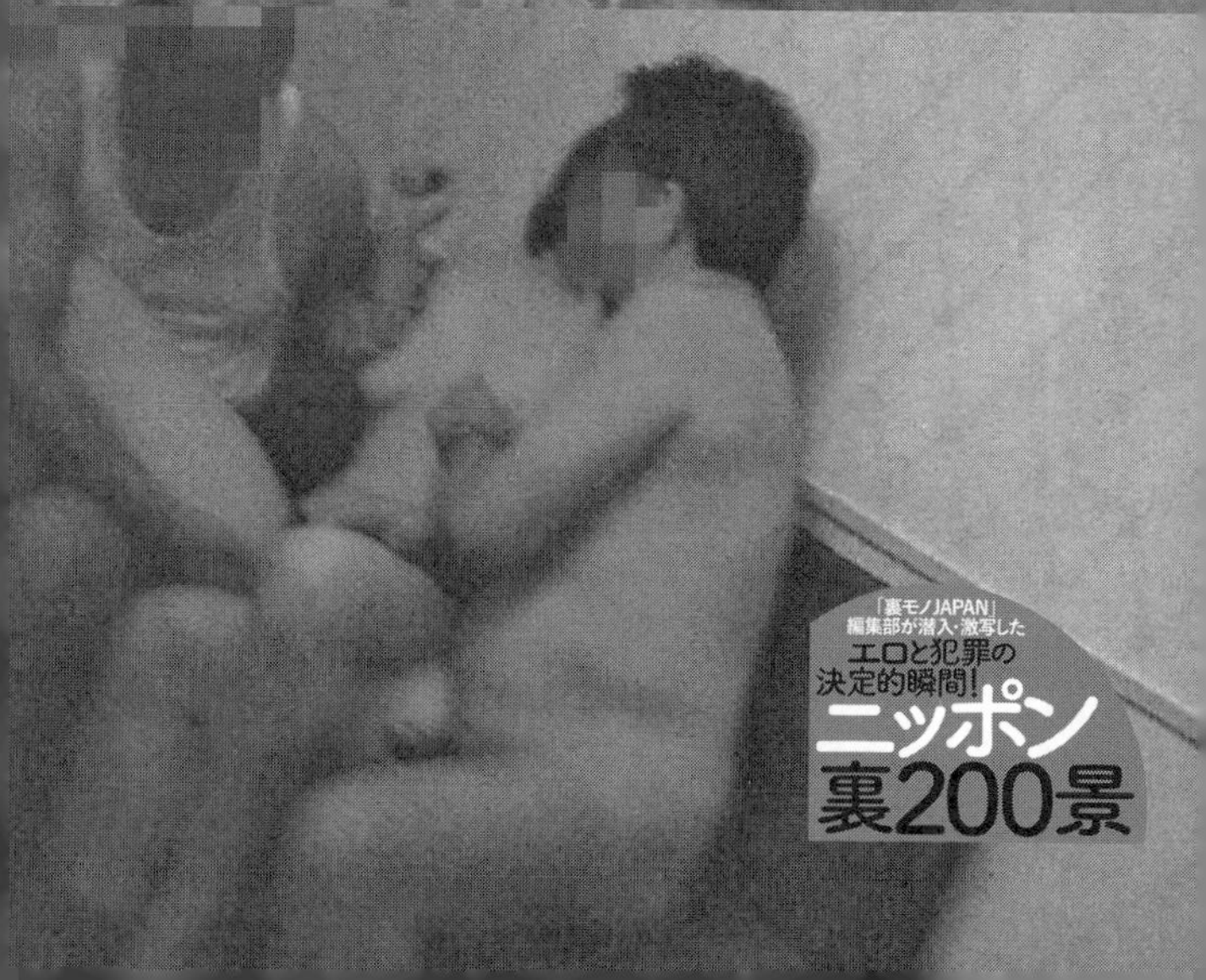
「裏モノJAPAN」
編集部が潜入・激写した
エロと犯罪の
決定的瞬間!
ニッポン
裏200景

パンツを置く女と必死で探す男

変態御用達サイト、ナンネット内にある「パンツを置く女」では、日夜ゲームが行われる。一人の女が町のどこかにパンツを置き、いくつかのヒントをネット上に公開し、それを見た無数の男たちが知恵を絞って探しだす。大人のアソビである。

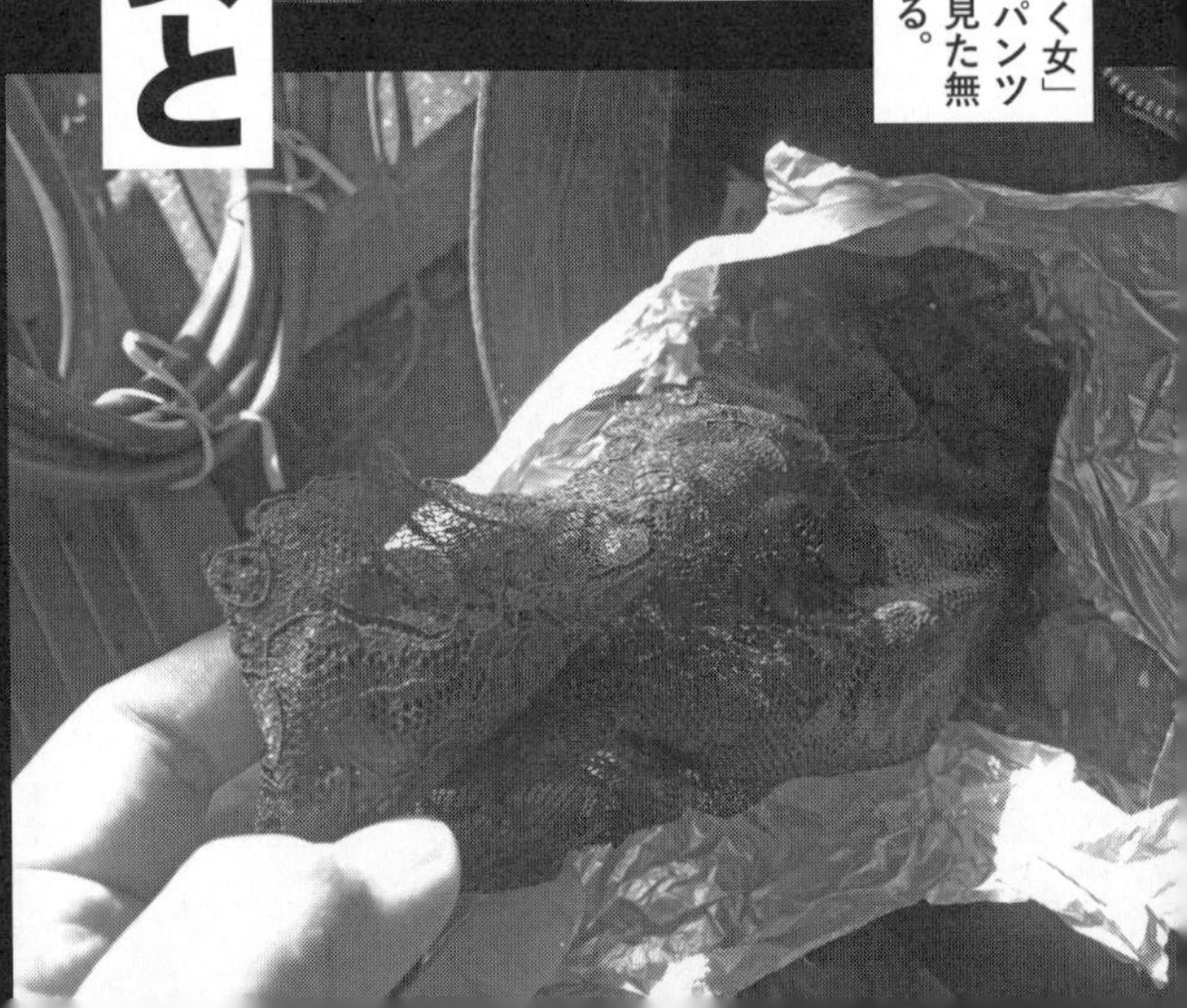

「裏モノJAPAN」編集部が潜入・激写した
エロと犯罪の決定的瞬間!
ニッポン裏200景

タチ、ネコが集う レズ専門の出会いパーティ

今や出会いを求める男女のための出会いパーティは、全国各地で開催されているが、大都市では、レズ向けの出会いパーティもわずかながら開催されている。

会場にはいかにも男顔のタチレズや、フェミニンで可愛いネコレズ、モテないデブレズなど、様々なタイプのレズが集い、真剣に恋人を探している。

大阪の某性感エステ店は、その特殊な洗体システムで有名だ。
洗体は広めの浴場で嬢と一対一で行われるのだが、他の客も同じ場所、同じタイミングで洗体を行うのだ。つまり裸の男女が何組も一堂に集結するため、天国のような状態が生まれる。
右を見ても左を見ても、石けんのついたオッパイをプルプル揺らす美女がいる風景。どうにもタマらんわけです。

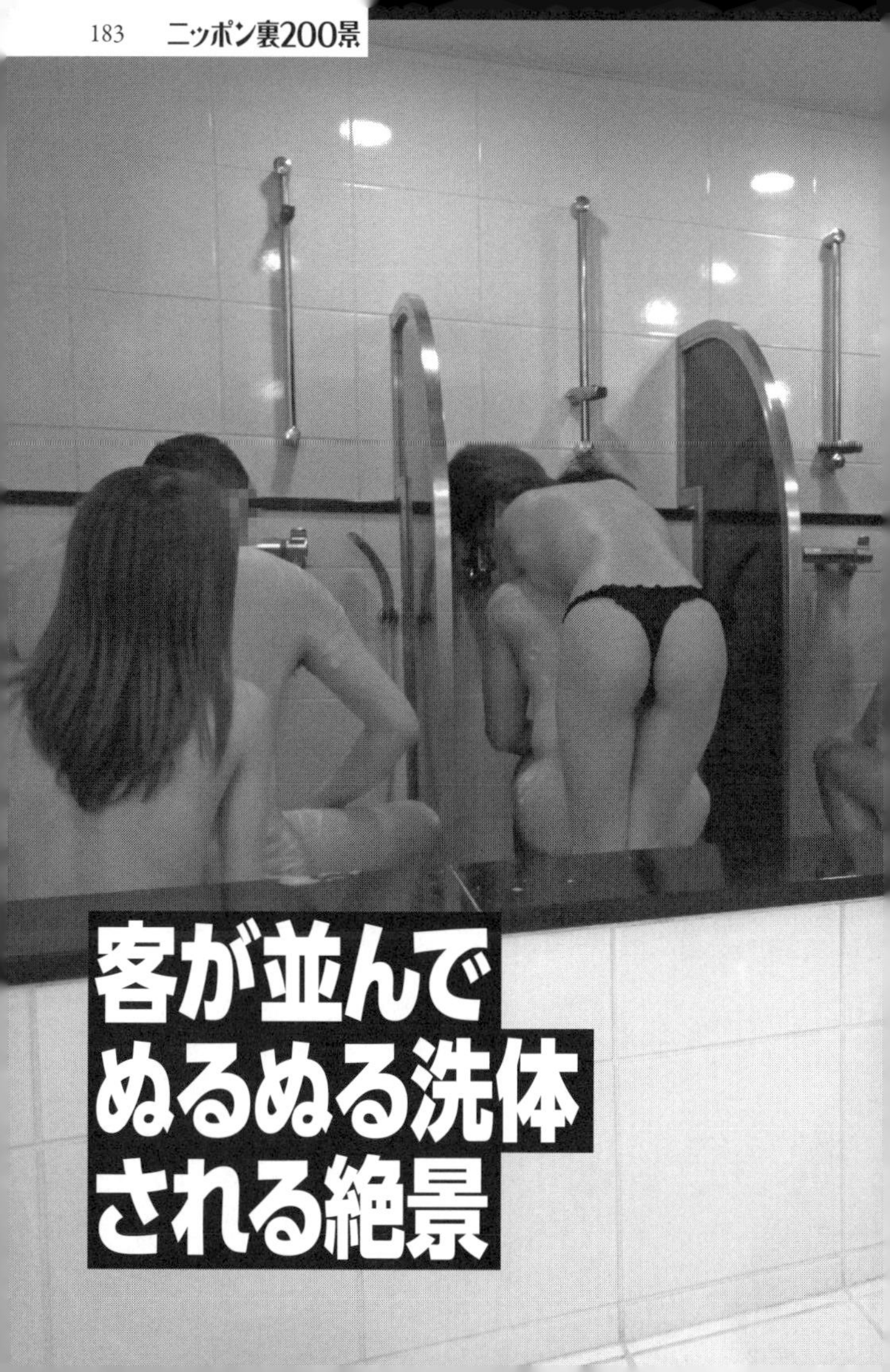

客が並んで ぬるぬる洗体 される絶景

暑苦しいほどのデブが恋人を探す場

「裏モノJAPAN」編集部が潜入・激写した
エロと犯罪の決定的瞬間!
ニッポン裏200景

デブとデブ好きな男たちが集う出会いパーティが人気だ。男性参加者の中には本当のポチャ好きもいるが、モテないデブを狙ったヤリ目男も多い。参加者の男女比も、女性の方が多いのが特徴だ。

刑務所から出所した者に、部屋と三食を期限付きで提供する施設が大阪にある。更生した人間の集まりのはずだが、内部ではノミ屋が開設され、シャブが蔓延。トイレには注射器の袋が落ちている始末だった。

刑務所出所者をサポートする施設でシャブが蔓延

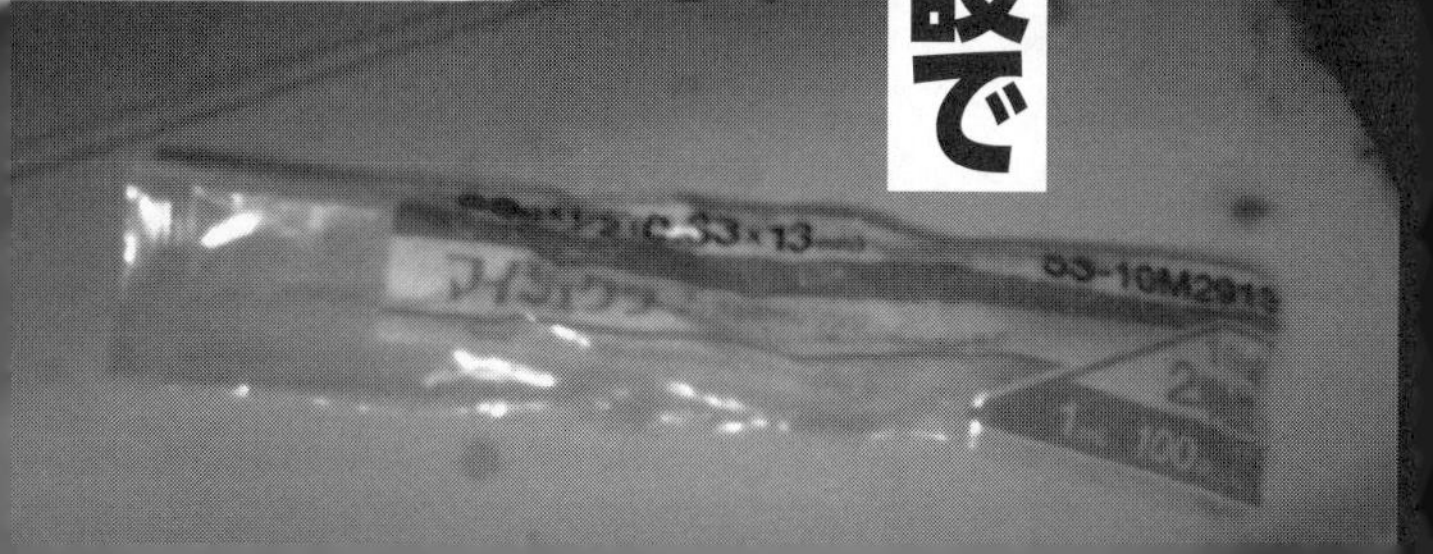

母乳ママだって売春しなきゃ！

母乳の出るママさんや妊婦さんがワリキリ募集している掲示板がある。そんな大変な時期でも春を売らなきゃならない女性が存在する、これが現代ニッポンの現実だ。

　しかも母乳ママさんの大半は、小さな子供を連れて現場にやってくるのだが、当人はそのことにさして疑問も感じていないフシが…。驚きを禁じ得ない。

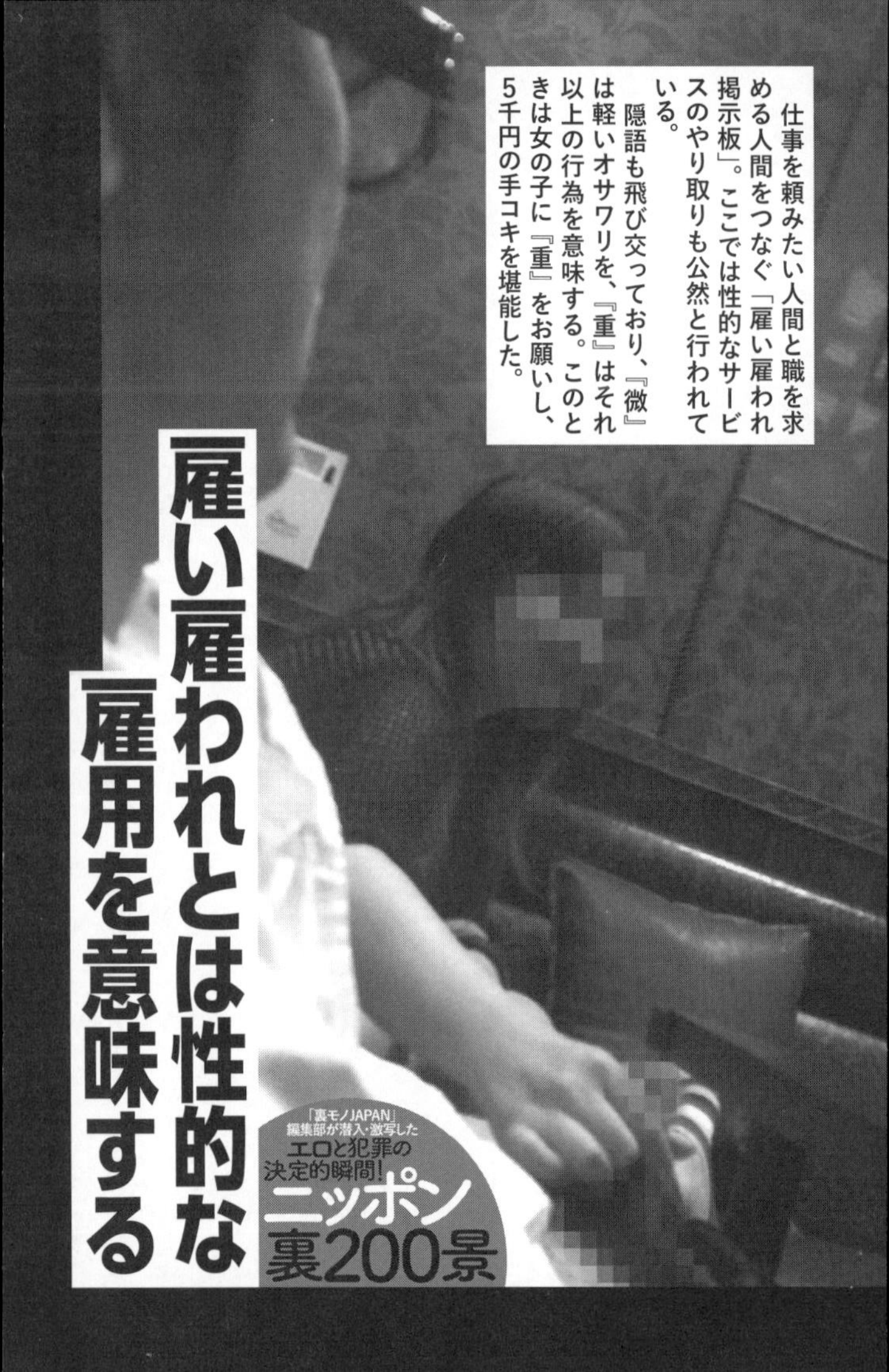

雇い雇われとは性的な雇用を意味する

仕事を頼みたい人間と職を求める人間をつなぐ「雇い雇われ掲示板」。ここでは性的なサービスのやり取りも公然と行われている。

隠語も飛び交っており、『微』は軽いオサワリを、『重』はそれ以上の行為を意味する。このときは女の子に『重』をお願いし、5千円の手コキを堪能した。

短髪の男らが相手を見定める ハッテン銭湯

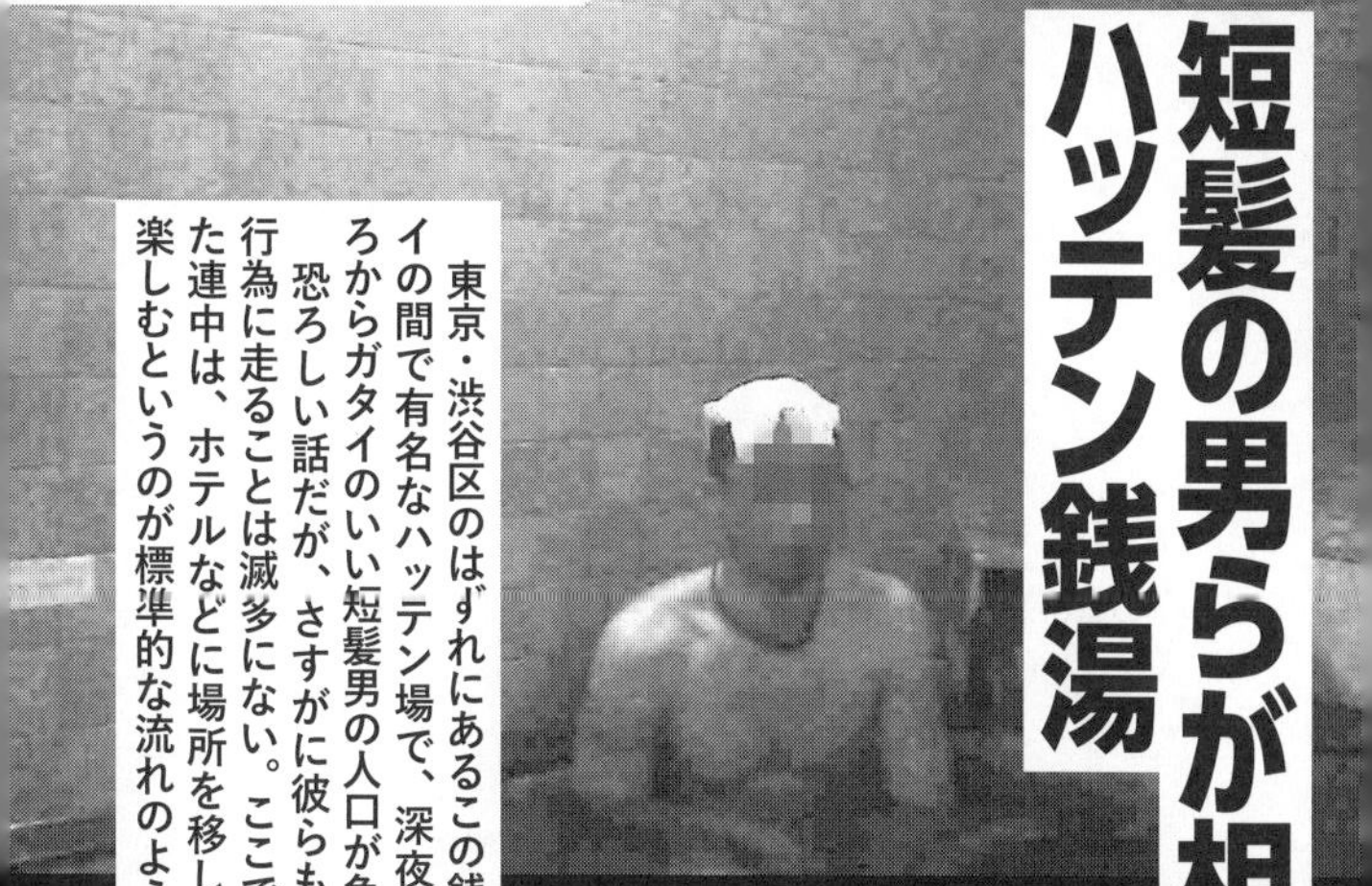

東京・渋谷区のはずれにあるこの銭湯は、界隈のゲイの間で有名なハッテン場で、深夜11時を過ぎたころからガタイのいい短髪男の人口が急に増え始める。

恐ろしい話だが、さすがに彼らもフロの中でホモ行為に走ることは滅多にない。ここでカップルになった連中は、ホテルなどに場所を移してからゆっくり楽しむというのが標準的な流れのようだ。

アダルトショップのカップルは見せたがっている

「裏モノJAPAN」編集部が潜入・激写した
エロと犯罪の決定的瞬間!
ニッポン裏200景

アダルトショップでカップル客を見かけることがあるが、ああいう連中は十中八九ヘンタイである。他の客の目を恥ずかしがる女とそれを見てよろこぶ男。一種の羞恥プレイをやっているわけだ。が、なかにはそれだけに留まらないカップルも。女に命じて、他の客にパンティを見せたり、胸を触らせたり。ごくろうさまです。

「裏モノJAPAN」編集部が潜入・激写した
エロと犯罪の決定的瞬間!
ニッポン裏200景

大阪・天王寺で 福を授けるあげまん せっちゃん

大阪・天王寺に、アゲマンせっちゃんと呼ばれる立ちんぼがいる。買ったオッサン、さらには本人も自覚するほどのアゲマンだそうだが、どうやら生で中出ししないと幸運には授かれないようだ。

III

「裏モノJAPAN」
編集部が潜入・激写した
エロと犯罪の
決定的瞬間!
ニッポン
裏200景

タネ、オモロイ風俗でも探してこい！

タネイチ（編集部）

裏モノ編集部のタネイチです。読者の皆さんにイイ風俗情報を伝えるため、こんな連載のスタートです。

初回は、東京・小岩のドライブ手コキ店に潜入してきました。要するに、走るワゴン車の後部座席から景色を眺めながらヌルヌルしてもらえるシステムです。

外から中は見えてないようですが、道行くおばさんが目に入ったり、女学生が横切ったり。で、その都度、チンコがフニャっとなったり硬くなったり。不思議な体験でした。

車窓を眺めながらニュルニュル

タネ、オモロイ風俗でも探してこい！

タネイチ（編集部）

140キロの重み

　東京・池袋にある
「デブ専風俗」のお店に潜入してきました。巨乳、巨尻、ポチャ好きな男性のためのホテヘルです。ホテルにやってきたのは140キロ（本人申告）という力士クラスの女の子でした。
「皆さん、お肉に圧迫されるのが好きみたいですね」
　とのことなので上に覆いかぶさってもらったところ、命の危機を感じました。生きてて良かった〜。

タネ、オモロイ風俗でも探してこい！

世にも珍しい仁王立ちパイズリ

タネイチ（編集部）

池袋の人妻不倫ホテヘルに、ものすごーく体の小さな子がいるとの情報が入ってきました。身長134センチ、全国の風俗嬢の中でも5本の指に入るレベルの小ささなんだとか。
いざホテルにやってきたのは小学3年生ぐらいの見た目の女の子でした。これって病気なんでしょうか？
「じゃないと思います。母親もすごく小さいので、遺伝ですね」
これも合法ロリってことになるんでしょうかね？

不思議な気分だ…

タネ、オモロイ風俗でも探してこい！

タネイチ（編集部）

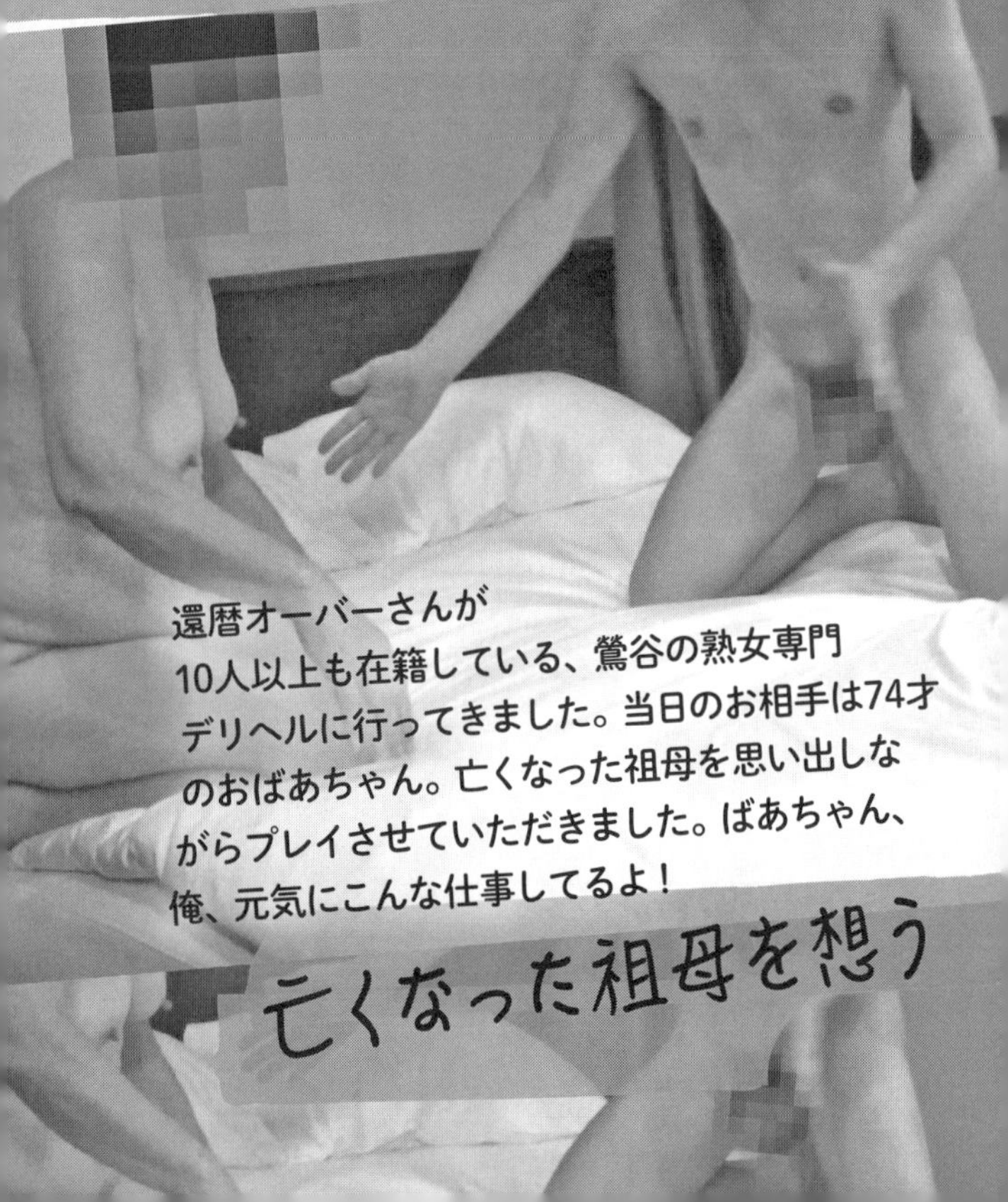

還暦オーバーさんが10人以上も在籍している、鶯谷の熟女専門デリヘルに行ってきました。当日のお相手は74才のおばあちゃん。亡くなった祖母を思い出しながらプレイさせていただきました。ばあちゃん、俺、元気にこんな仕事してるよ！

亡くなった祖母を想う

素マタは初体験だそうです

タネ、オモロイ風俗でも
探してこい！
囚われの宇宙人気分です
背伸びしなきゃ

池袋に高身長嬢だらけのホテヘルがあります。私165センチしかありませんので、かなりビビりながら潜入したところ、現れたのは179センチもある細身の女性でした。見上げながらしゃべってると首が痛くなりましたよ。

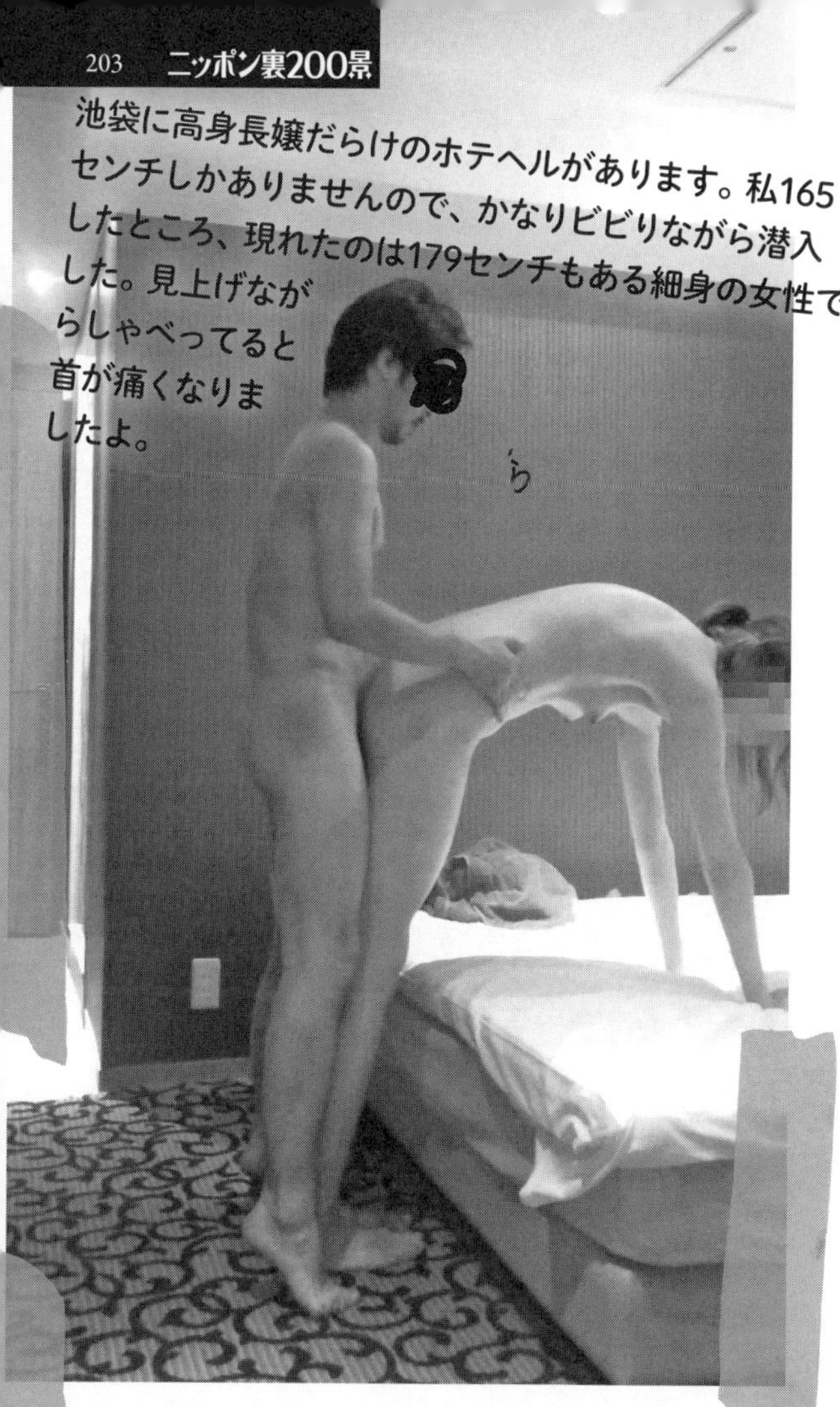

タネ、オモロイ風俗でも探してこい!

タネイチ（編集部）

巨峰のような乳首をしゃぶり倒す

巨大乳首マニアが集う掲示板で、奥様●●69東京なる人妻デリヘルに、巨大な乳首を持つ女性がいるとの情報をつかみました。さてさて、どれほど大きいんでしょう。該当の女性を指名したところ、現れたのはエロ顔のアラフォーさんで、乳首はなんと巨峰大！ 舐めまくるとカラダをぶるぶる震わせて感じていました。

タネ、オモロイ風俗でも探してこい！

タネイチ（編集部）

逆オイルマッサージで満足できるのか？

　今回のお店は池袋にある逆エステ専門店。悪徳エロ整体師のように女の子にヌルヌルのオイルマッサージをしてあげて気持ち良くなってもらうというプレイだそうで。果たして女の子をマッサージするだけで楽しいのか？　と疑問でしたが、ホテルに現れた女の子が予想以上に可愛いかったのでテンションは一気にアップ。ベッドの上で全身をオイルでヌルヌルしてあげると彼女の乳首はすぐにコリコリに。紙パンツ越しの股間からヌルヌルの液体もにじみ出てきて、こちらの股間もビンビンです。喘ぎまくる顔を見ながら胸元にたっぷり発射させていただきました（自家発電）。

タネ、オモロイ風俗でも探してこい!

タネイチ（編集部）

車内で即尺フェラ攻撃

埼玉県大宮市の即尺人妻デリヘルの「車内フェラ」オプションを堪能してきました。マイカーの中でしゃぶってくれるなんて、さすが即尺店です。駅前の待ち合わせ場所に現れたのは、「臭いチンポが好きなんです」と言い切る変態妻さんでした。助手席に乗せてドライブスタートです。いつもはラブホ駐車場でプレイするのがお決まりとのことですが、人気のない道路に入った途端、彼女が股間に頭を埋めてきました。運転しながらのネットリチュパチュパ攻撃で、あっと言う間にチンコはビンビンに。駐車場に着くと一気にフェラは本格的になり、すぐに昇天させられてしまいました。

ジュポジュポしゃぶってくれました

ホモ個室ビデオの壁穴に何を見た?
マー君のニッポン珍百景
仙頭正教 編集部

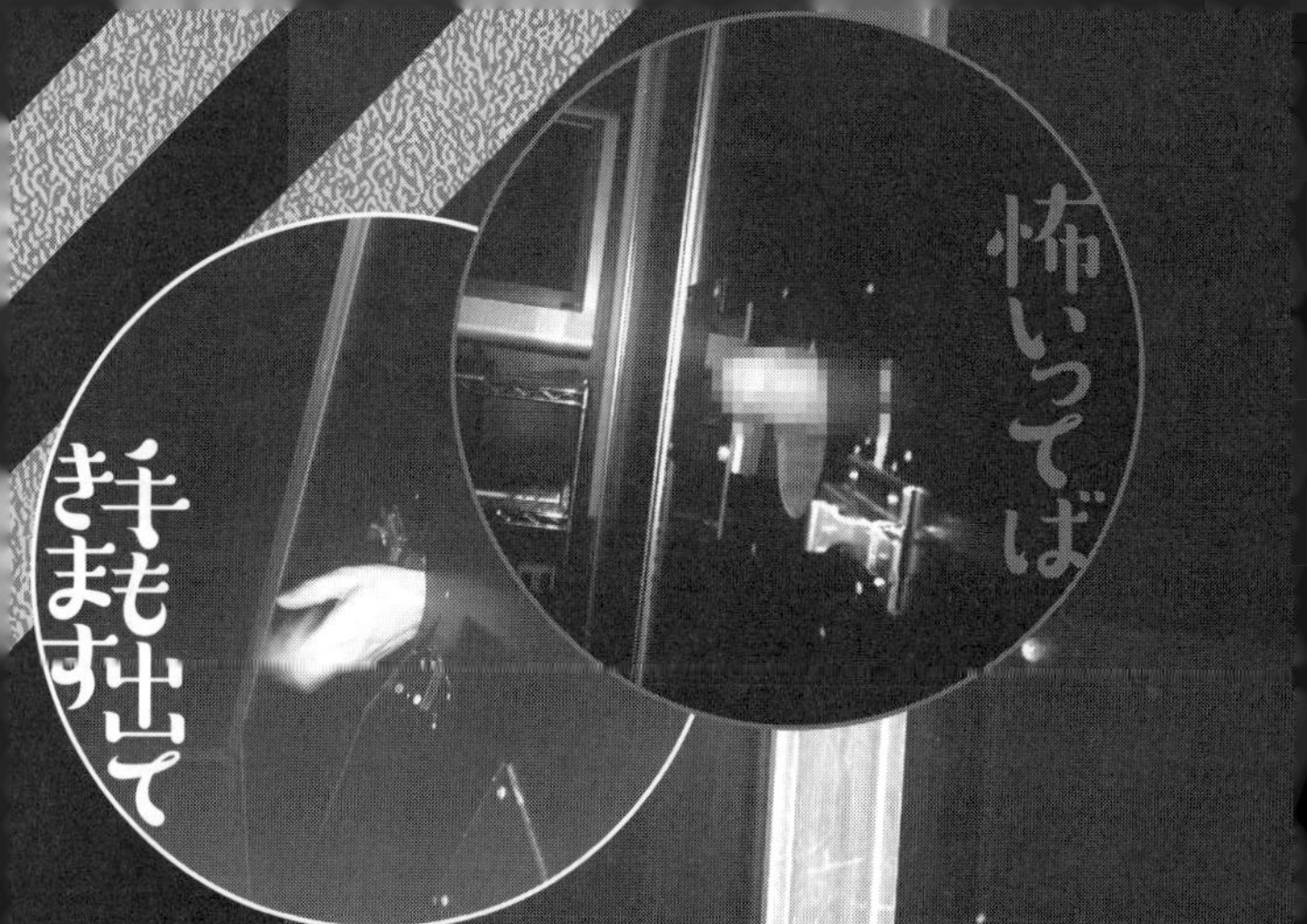

怖いってば

手も出てきます

こんにちは、マー君です。

日本各地のオカシな場所に潜入するこの連載。第一回はホモ専用の個室ビデオです。

さっそく行ってきましたよ。中は暗い個室で、隣の部屋との壁に丸い穴があいてるんです。なんだこれ？

ニュルリン。

突然フル勃起したチンチンが出てきました。隣の客がペロペロしてほしくて突き出してるんですね。しょうがないからシコってあげました（イかせられなかったけど）。

そしたら今度は穴から手が！　おれのチンコを触らせろってことです。ちょっとそれはカンベンなので逃亡！

マー君のニッポン珍百景

仙頭正教 編集部

ハイジアに美人立ちんぼ現る！

ひときわ輝く彼女

言わずと知れた素人立ちんぼのメッカ、新宿のハイジア脇に、昨夏から元ＡＫＢ川栄似の20代女子が立ち始めました。出没時間は夕方から22時ごろ。茶髪と黒いリュックが目印です。売れる前に急げ！

ハイジア嬢といえばこんなのばかりだが…

渋谷の有名人
パンツさん
マー君のニッポン珍百景
仙頭正教 編集部

渋谷

かなり硬いです

渋谷の有名立ちんぼ〝パンツさん〟を紹介します。彼女が現れるのは駅前某所、月曜と金曜の夕方。立っているときはわからないのですが、座ると必ずパンツを見せてくださいます。目が合うと向こうからこんな提案が。

「安いマンキツ知ってるからそこでいい？」

値段は3千円〜5千円（本番込み）。ずいぶんボリューミーなおわん型オッパイですが、残念ながらカチカチの入れ乳なので期待なさらないように。

ハッテン場

今回は、上野の成人映画館『オークラ劇場』を紹介しましょう。ここは年齢層が高いハッテン場として賑わっており、男色趣味のジジイどもが集まっているのですが、連中に人気なのは2階。女装オカマとの出会いの場になっているからです。ロビーで観察していると、ジイさんたちが女装の来場をジーっと待ち、意気投合した女装と劇場内やトイレに入っていく。不気味としか言いようがありません。

マー君のニッポン珍百景

仙頭正教　編集部

上野

女装との

いろんな女装オヤジがいらっしゃいます

マー君のニッポン珍百景

仙頭正教 編集部

座して待ては その先に快感が

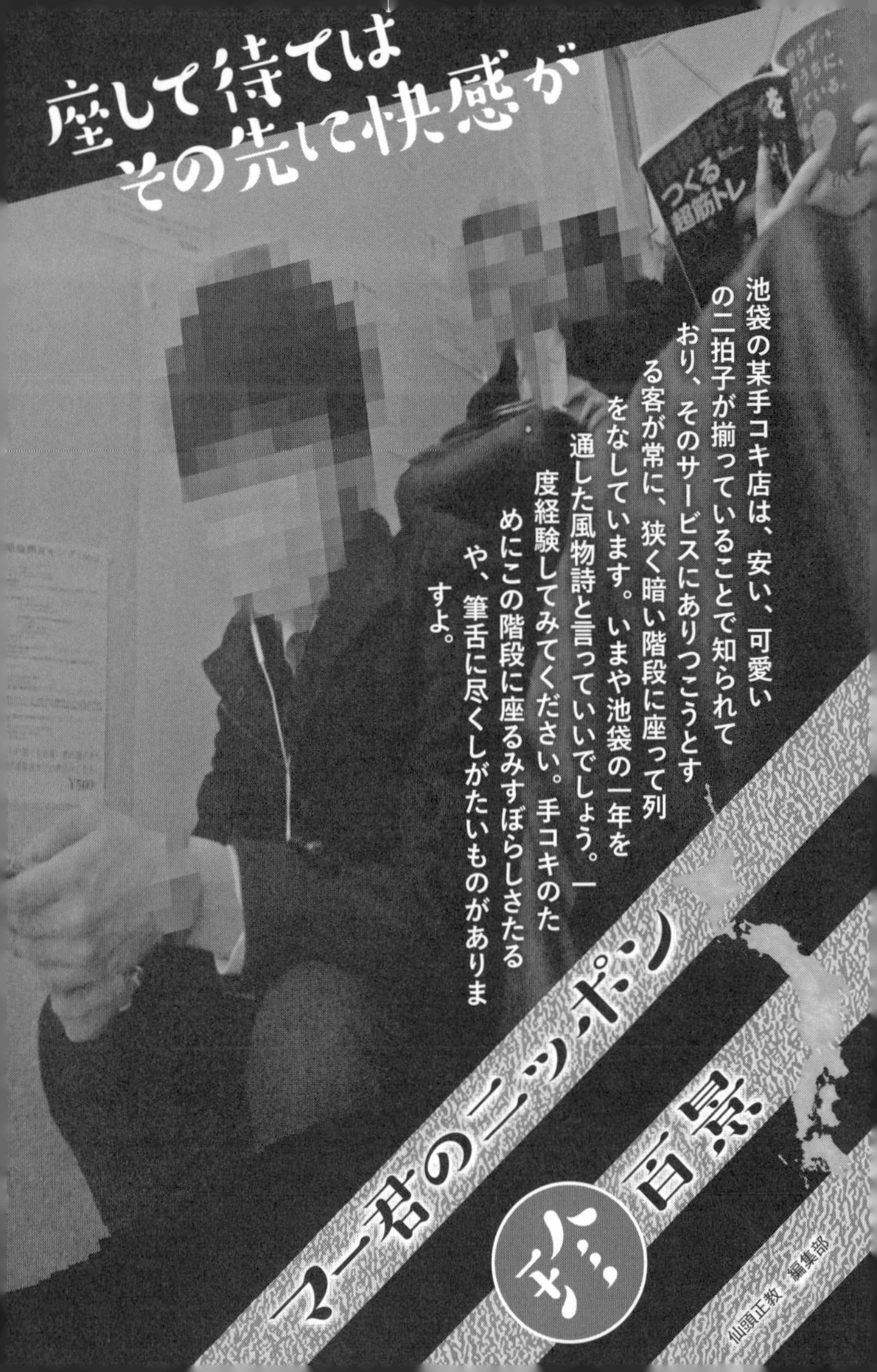

池袋の某手コキ店は、安い、可愛いの二拍子が揃っていることで知られており、そのサービスにありつこうとする客が常に、狭く暗い階段に座って列をなしています。いまや池袋の一年を通した風物詩と言っていいでしょう。一度経験してみてください。手コキのためにこの階段に座るみすぼらしさたるや、筆舌に尽くしがたいものがありますよ。

池袋

手コキ待ち階段

スナック街早朝の光景

上野広小路は、中国人ホステス系のボッタクリ飲み屋がたくさんあります。客を昏睡させ、コンビニで現金を引き出させるのが常套手段で、明け方になると、このようにフラフラになった客がホステスに連れられATMへ向かう姿を多数目撃します。上野で飲むときはご注意を！

マー君のニッポン珍百景

仙頭正教　編集部

上野広小路
ぼったくり
リ゛イ゛・ングデ・ンですな

毎度あり～

マルチビジネスの勧誘パーティ

マー君のニッポン珍百景

仙頭正教 編集部

西新宿

某マルチ会社が定期的に成功者の集いを開催しています。あんたも入会すればこんな暮らしができまっせとアピールする場ですね。

タワーマンションの高層階で、ビキニの女の子にシャンパンやワインを振る舞われたら、〝夢〟見る気弱な若者はイチコロかもしれませんな。

女性客が脱ぐロックバー

なぜかチンコを出してる客も

マー君のニッポン珍百景

仙頭正教／編集部

新宿

プロの踊り子ではありません

新宿のハイジアそば、熊とウサギのイラストをあしらった看板のこのロックバーは、遊び人の間ではつとに有名な店です。週末の夜の盛り上がり方が尋常ではなく、一般の女性客が居合わせた男のチンコをシゴいたりくわえたりといったことがフツーに起こるのだから。ときには全裸になってカンターテーブルの上に立つ女が現れたりも。とにかくブッ飛んだバーです。

駅前広場の座りんぼ

池袋西口の駅前広場に、立ちんぼならぬ座りんぼの売春婦が増えています。相場は本番１万円。とても褒められた容姿じゃないのに、そこそこ売れていくのはやはり安さのせいでしょうか。

こうやって客を誘います

おっさんが次々と交渉しにくる

デブ通り

マー君のニッポン珍百景

仙頭正教 編集部

東京・新大久保に、奇妙なストリートがあります。夜になるとやたらおデブちゃんが闊歩するんです。全員がラブホへ消えていくことと、近くに格安デリの事務所があることに、なにか関連性はあるのでしょうか。

マー君のニッポン珍百景

仙頭正教／編集部

ミラー越しにカップルシートが見えるネカフェ

横浜駅東口すぐのネットカフェは、少々オカシなつくりになっています。ルームナンバーを示す案内板が直方体になってるとこまでは普通っちゃ普通なんですが、問題はその構造。なんと、中がミラーになってるんです。つまりカップルシートの様子なんかも、廊下側からカガミ越しに見えちゃうわけです。おかげでウロチョロしながら案内板を下から眺める客が絶えないようです。にしても、どうしてあそこがミラーに？

一見フツーのカップルシートだけど……

横浜
099
〜
108
カップルシート
ここがミラーに!!

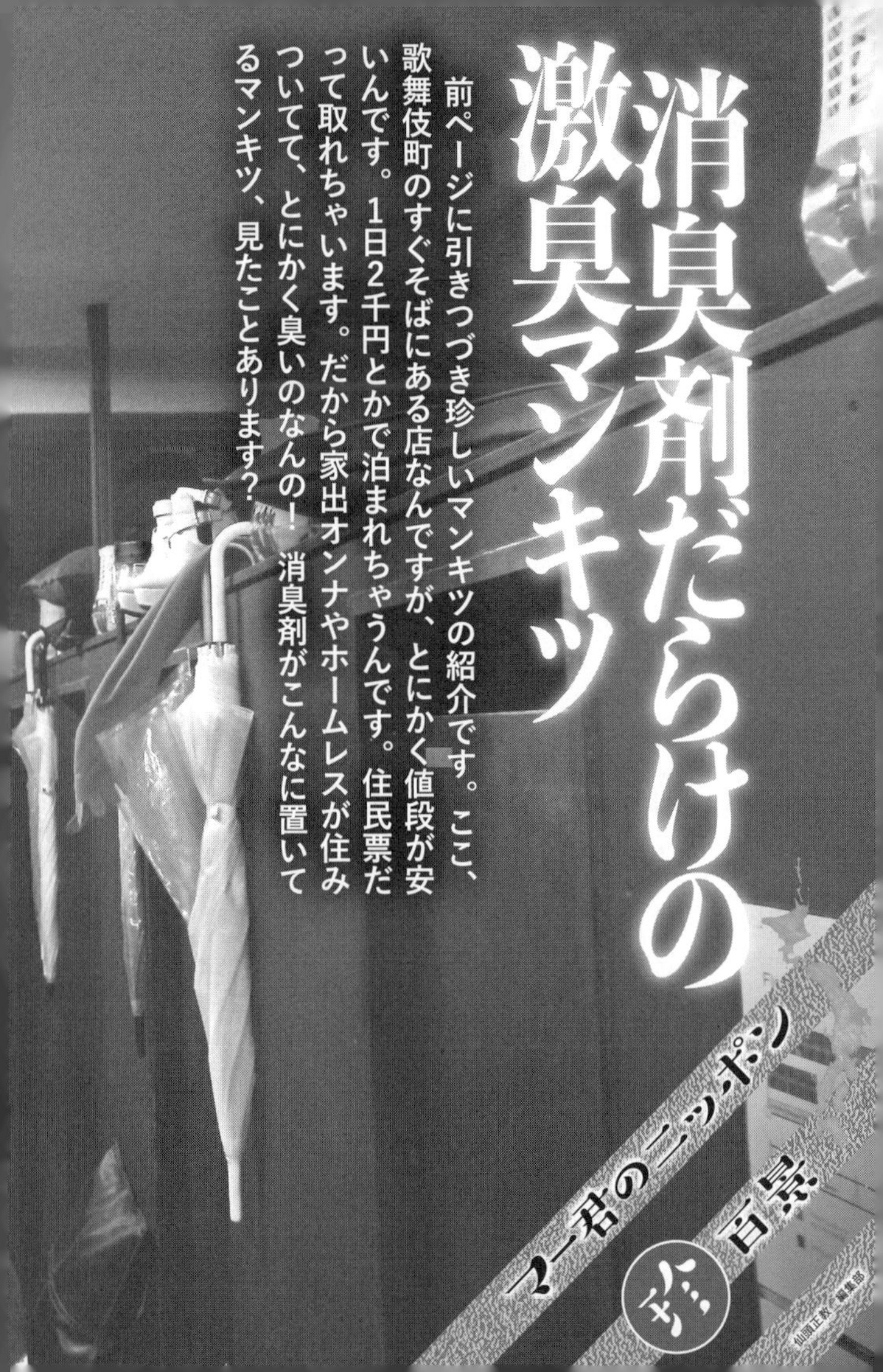

消臭剤だらけの激臭マンキツ

前ページに引きつづき珍しいマンキツの紹介です。ここ、歌舞伎町のすぐそばにある店なんですが、とにかく値段が安いんです。1日2千円とかで泊まれちゃうんです。住民票だって取れちゃいます。だから家出オンナやホームレスが住みついてて、とにかく臭いのなんの！ 消臭剤がこんなに置いてるマンキツ、見たことあります？

マー君のニッポン珍百景

仙頭正教　編集部

黄色いの全部、
消臭剤です

もちろん
買いだめしてあります

マー君のニッポン珍百景

客同士があちこちで手コキしてるやらしいイベント

仙頭正教 編集部

お好きな人には楽しい場所です

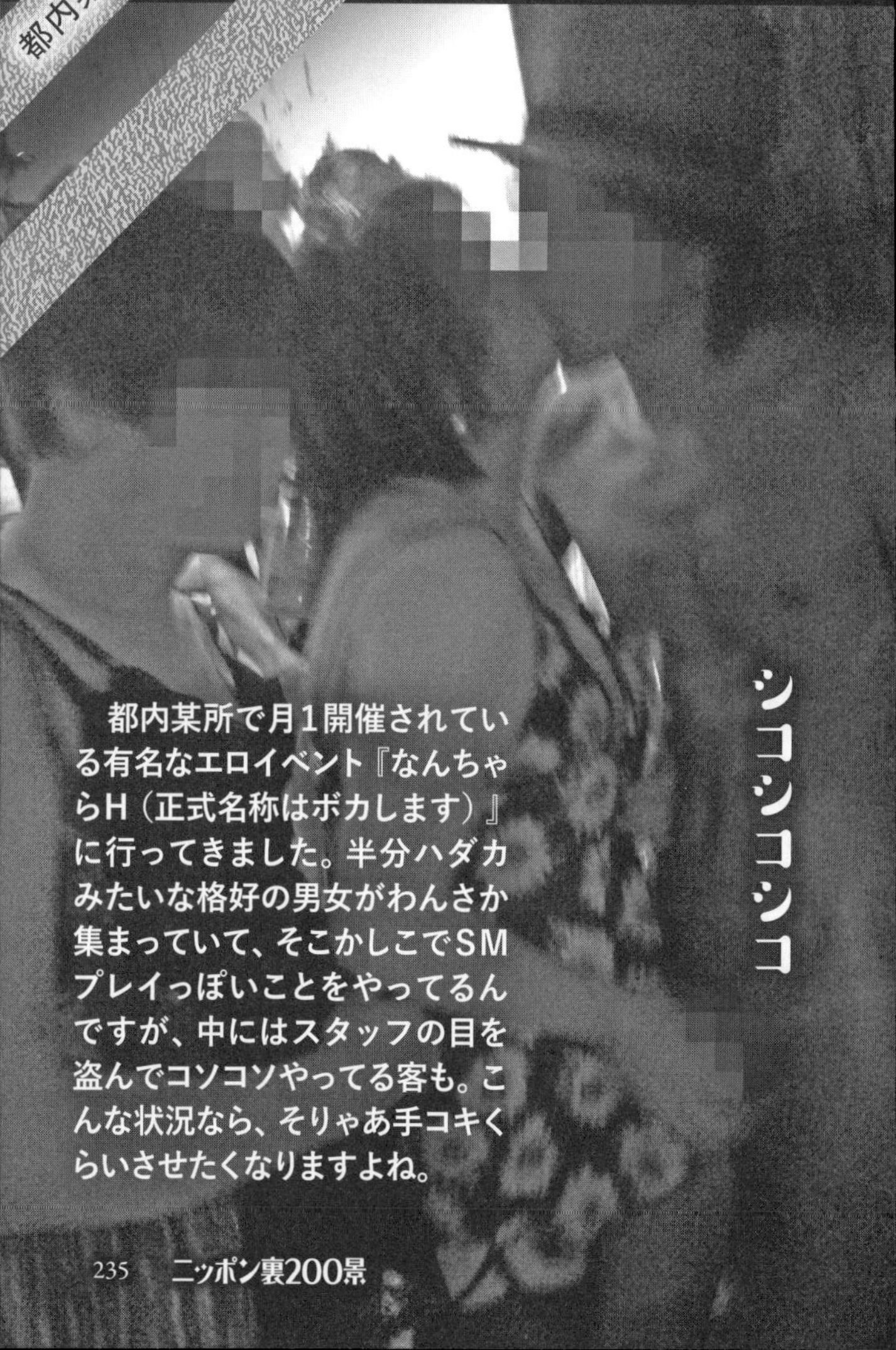

都内某所

シコシコシコ

都内某所で月1開催されている有名なエロイベント『なんちゃらH（正式名称はボカします）』に行ってきました。半分ハダカみたいな格好の男女がわんさか集まっていて、そこかしこでSMプレイっぽいことをやってるんですが、中にはスタッフの目を盗んでコソコソやってる客も。こんな状況なら、そりゃあ手コキくらいさせたくなりますよね。

秋葉原の某アダルトショップは、今や外国人の観光スポットになっています。なもんだから、これまで日本人変態カップルが楽しんでいたエロ下着撮影にも、ガイジンが大勢チャレンジしております。みなさん、日本って国をどう思ってるんでしょうね。

ガイジンが下着姿ではっちゃけるお店

マー君のニッポン珍百景

仙頭正教・編集部

秋葉原

神社仏閣には興味ないんでしょうか

ホモ銭湯の夜は更けて

ホモだらけの銭湯が都内某所にあります。深夜0時ぐらいの遅い時間になると、短髪でガタイのいい兄ちゃんたちがわんさかやってきて、肩を寄せ合うようにして狭い湯船に浸かってるんです。さてさて、女湯はどうなってんでしょうね。（写真提供：ごんべえ）

みなさん
どこか似てます

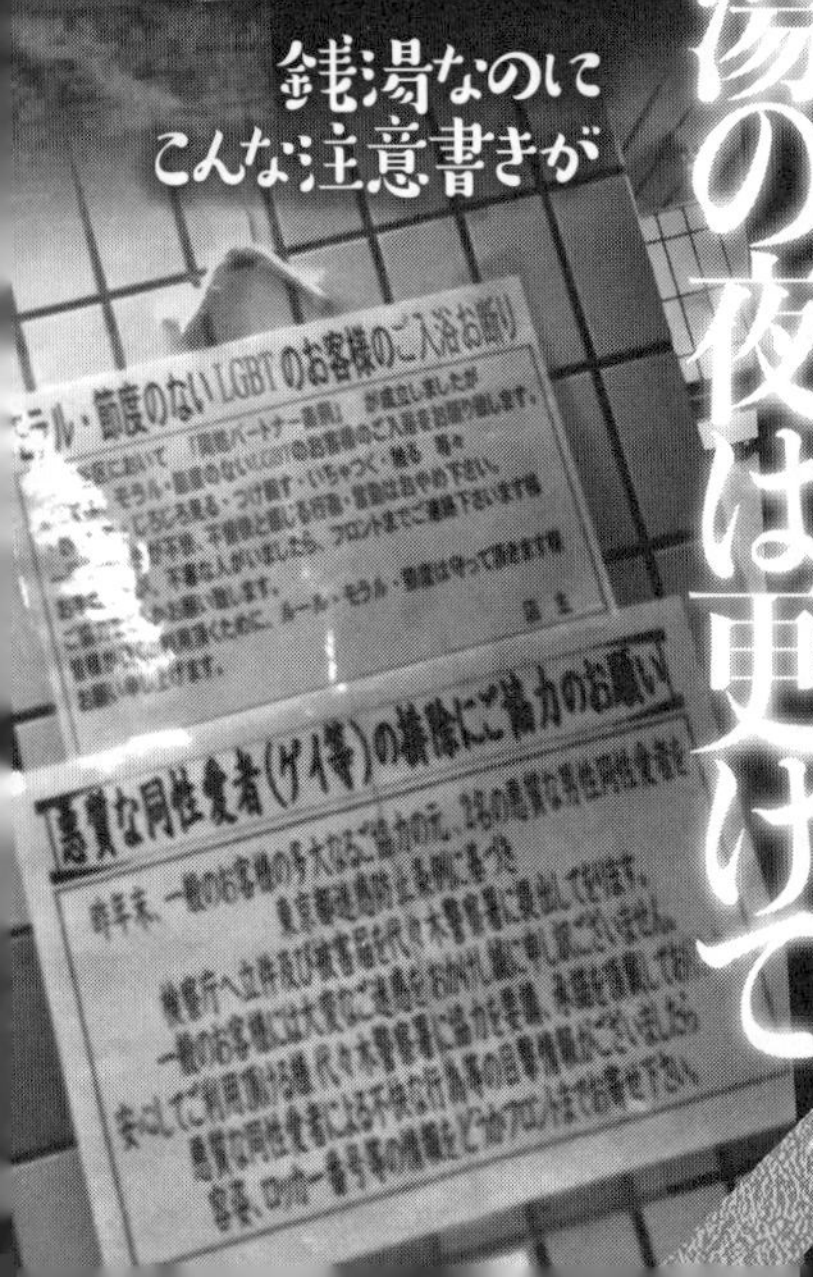
ラル・節度のないLGBTのお客様のご入浴お断り
悪質な同性愛者(ゲイ等)の排除にご協力のお願い

銭湯なのに
こんな注意書きが

マー君のニッポン珍百景

仙頭正教・編集部

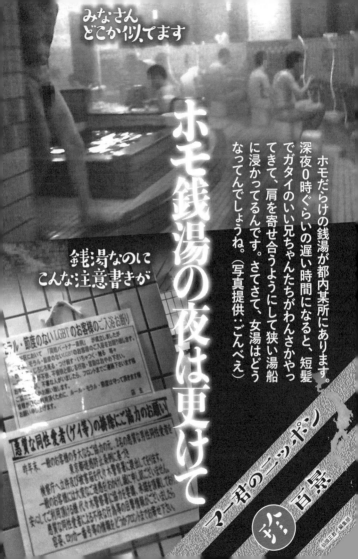

都内某所
腕にカギを
巻いてるのは……

狭いとこに集まって何してんでしょ

マー君のニッポン珍百景

ネカフェ援交にマトモな子が進出中

3千円で……

仙頭正教／編集部

ここ数年、ネットカフェに男を誘い入れてエンコーする女がちらほらおりましたが、そのほぼすべてがセミプロ売春婦。ロクな女はいませんでした。しかし最近は事情が変わってます。ごくごくマトモそうな子がネカフェ援交をしてるんです。完全密室系のお店が増えたからかもしれませんね。

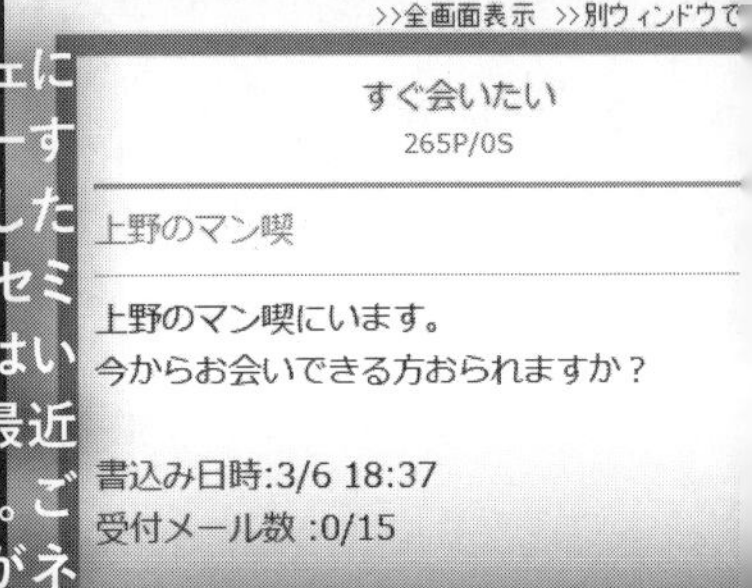

>>全画面表示　>>別ウィンドウで

すぐ会いたい

265P/0S

上野のマン喫

上野のマン喫にいます。
今からお会いできる方おられますか？

書込み日時:3/6 18:37
受付メール数 :0/15

上野
いいオッパイだ

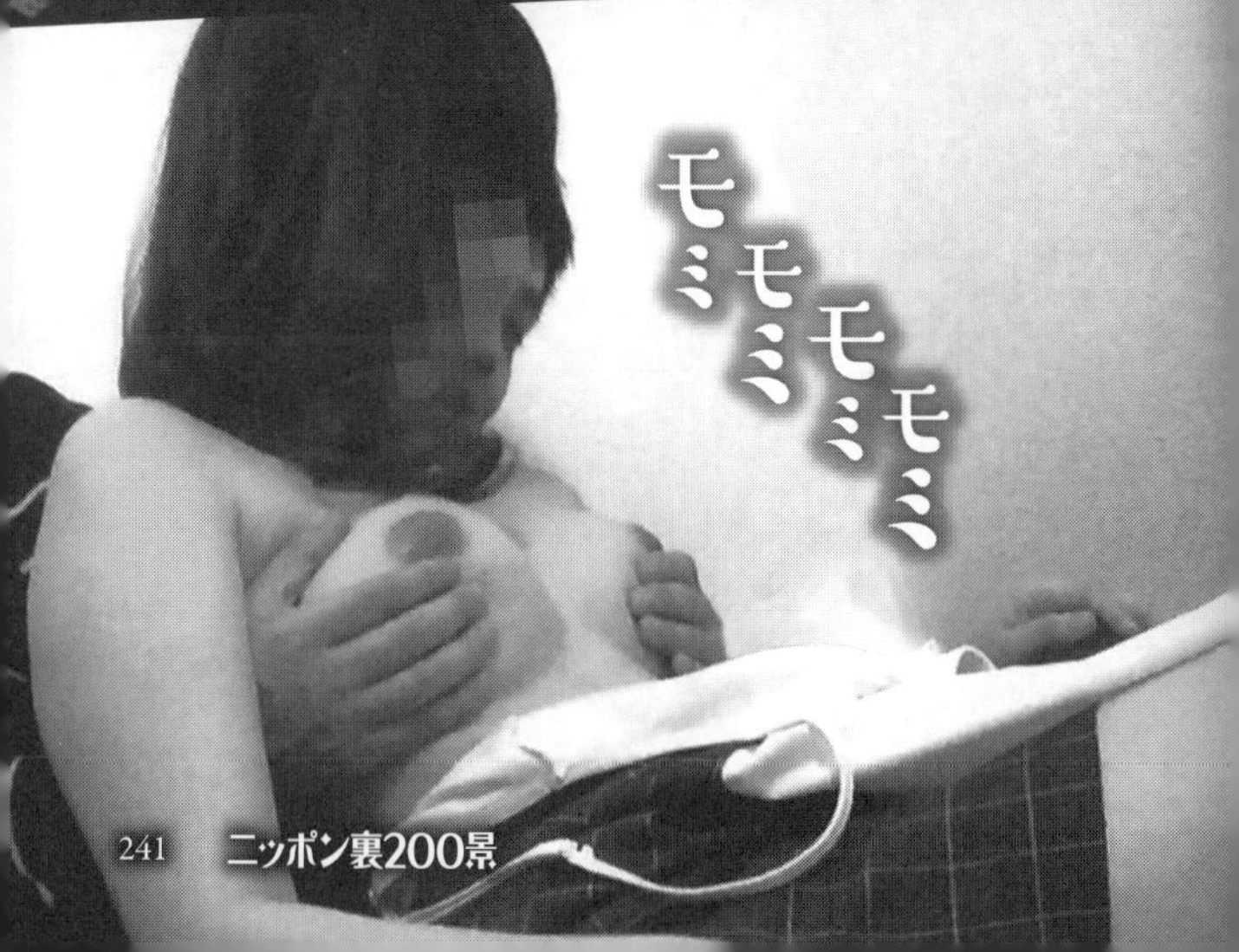
モミモミモミモミ

トイレはこの混みよう
花見の野ションを待つ者ども
明らかにオカシイだろ
マー君のニッポン珍百景
仙頭正教／編集部

代々木公園

花見のシーズンはもう過ぎましたが、今年は代々木公園で女性の野ションが話題になりました。トイレが混雑しすぎて、真昼間から周辺の茂みでオシッコしちゃう子が大勢いたんです。写真はその野ションを待つ男たちです。桜も愛でず、カメラを抱えてじっと時を待つ彼ら、どう見たって不審ですよね。

桜には興味なし

これが野ションの跡です

違法のため放尿シーンは撮影せず

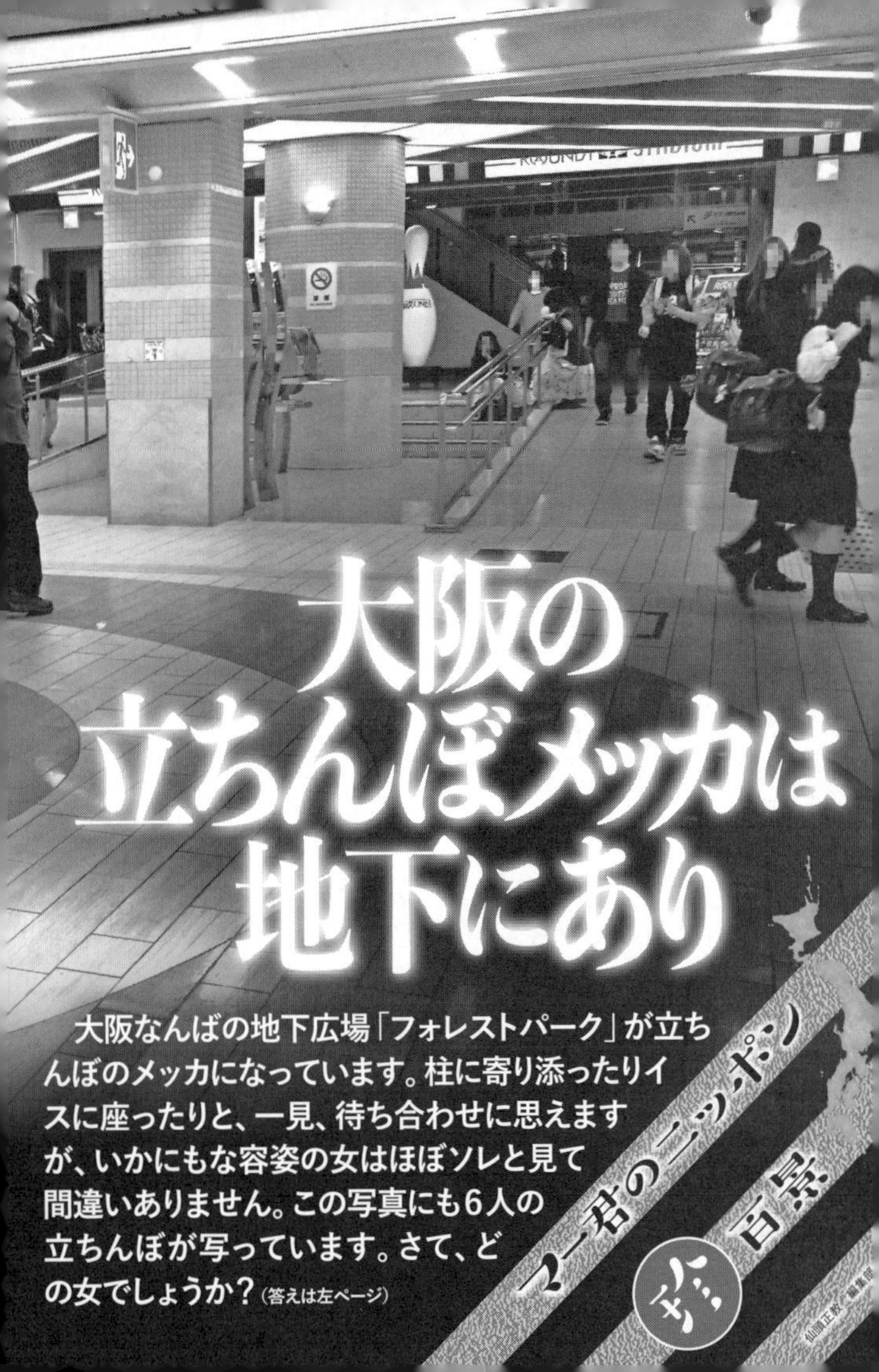

マー君のニッポン珍百景

大阪の立ちんぼメッカは地下にあり

大阪なんばの地下広場「フォレストパーク」が立ちんぼのメッカになっています。柱に寄り添ったりイスに座ったりと、一見、待ち合わせに思えますが、いかにもな容姿の女はほぼソレと見て間違いありません。この写真にも6人の立ちんぼが写っています。さて、どの女でしょうか？（答えは左ページ）

仙頭正教／編集部

大阪なんば

どの女だ？

答

①……手前の柱、左側の椅子に座る、バッグを抱えた女性

②……上記の柱の右側、スマホを見ている女性

③④…中央奥の２人組

⑤……ボウリングピン前の階段に座る女

⑥……その女と手すり越しにしゃべる女

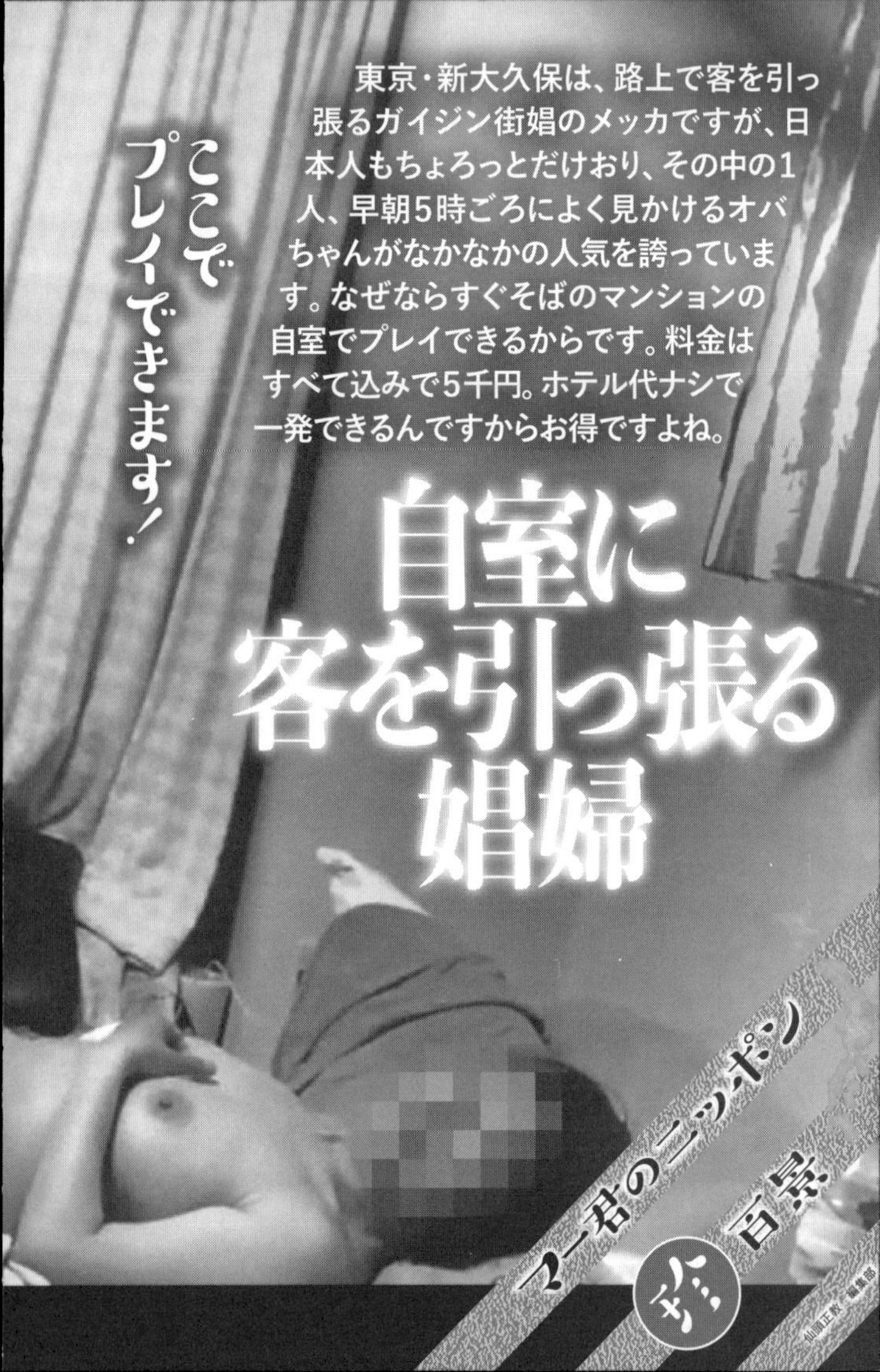

マー君のニッポン珍百景

自室に客を引っ張る娼婦

ここでプレイできます!

東京・新大久保は、路上で客を引っ張るガイジン街娼のメッカですが、日本人もちょろっとだけおり、その中の1人、早朝5時ごろによく見かけるオバちゃんがなかなかの人気を誇っています。なぜならすぐそばのマンションの自室でプレイできるからです。料金はすべて込みで5千円。ホテル代ナシで一発できるんですからお得ですよね。

仙頭正教+編集部

新大久保

なぜ人気が？

おやおや

池袋北口の喫茶店「H」は、入店するなりタバコの臭いでむせ返る、イマドキ珍しいほど空気の悪いお店です。さらに空気だけでなく風紀も悪いのが特徴で、昼夜を問わず怪しげな連中がたむろしております。中でも目立つのがフーゾクの面接で、耳をかたむけると「ウン十万はイケるんで」だの「NGはある？」といった台詞が聞こえてきます。店を渡り歩いて慣れっこな女、未経験で緊張してる女。そんな彼女らの表情を眺めるのも楽しいもんですよ。

どれも面接に見えちゃいます……

マー君のニッポン珍百景

仙頭正教／編集部

池袋北口

フーゾク面接喫茶

やけに落ち着く空間です

マー君のニッポン珍百景

仙頭正教・編集部

ソソられるけど……

アパホテル売春のレディーボーイたち

新宿・歌舞伎町。旧コマ劇横の広場に、ここ最近、ナゾの集団が現れております。夜8時ごろになると、露出過多の東南アジア系オンナがうろちょろし始めるのです。そしてイヤラシイ流し目を。いったい何者？

「セクシーマッサージ、2マン円」

彼女ら、すぐそばのアパホテルに宿泊し、部屋で売春しているのです。しかしよく見るとなんだか顔がゴツゴツして…。そう、その大半はオカマです。買うときは性別を要チェック！

歌舞伎町

ここは日本か？

部屋についていってみよう……

トイレでチンチンが見えたので退散！

東京・新大久保のとあるマンションの一室が大変なことになっています。なんとここ、女装した男と、そんな彼女（?）らのことが好きな男が集うハプニングバーなんです。興味ない人にはワケのわからん世界ですが、お好きな人にはタマらんでしょうな。

女装子だらけのハプニングバー

マー君のニッポン珍百景

仙頭正教／編集部

新大久保

女装した男です

女に見えるけど……

ごく普通のホテルです

客が逃亡するラブホ

隣との狭いスペースに…

マー君のニッポン珍百景

仙頭正教 編集部

歌舞伎町

新宿歌舞伎町の某ラブホテルは、そこそこの頻度で客が代金を払わずに逃げてしまうという、かわいそうなことになっています。休憩料金が後払いなこと、窓が開いてしまうこと、そしてなにより窓のそばに配管がつたっていることがその理由でしょう。さんざん楽しんでおいて窓から逃げるなんて、とんでもないヤツがいるもんですな。

原宿の黒人キャッチ

マー君のニッポン珍百景

仙頭正教　編集部

原宿

原宿の竹下通りに立っている黒人って何をしてるんでしょう。わざと声をかけられてみたところ、連れていかれたのは裏通りの服屋でした。キャップ5千円、パーカー1万円と、ちょっとお高い感じです。でも入り口に黒人店員が立ってるので、さっさと帰るには怖いカンジです。「金がないんで帰ります」「幾ラナラ出セルノ？」「いえ、もう結構なんで」と逃げようとすると「オイ！ ナンカ買ッテ行ケヨ！」と怒鳴られました。近づかないほうがいいでしょう。

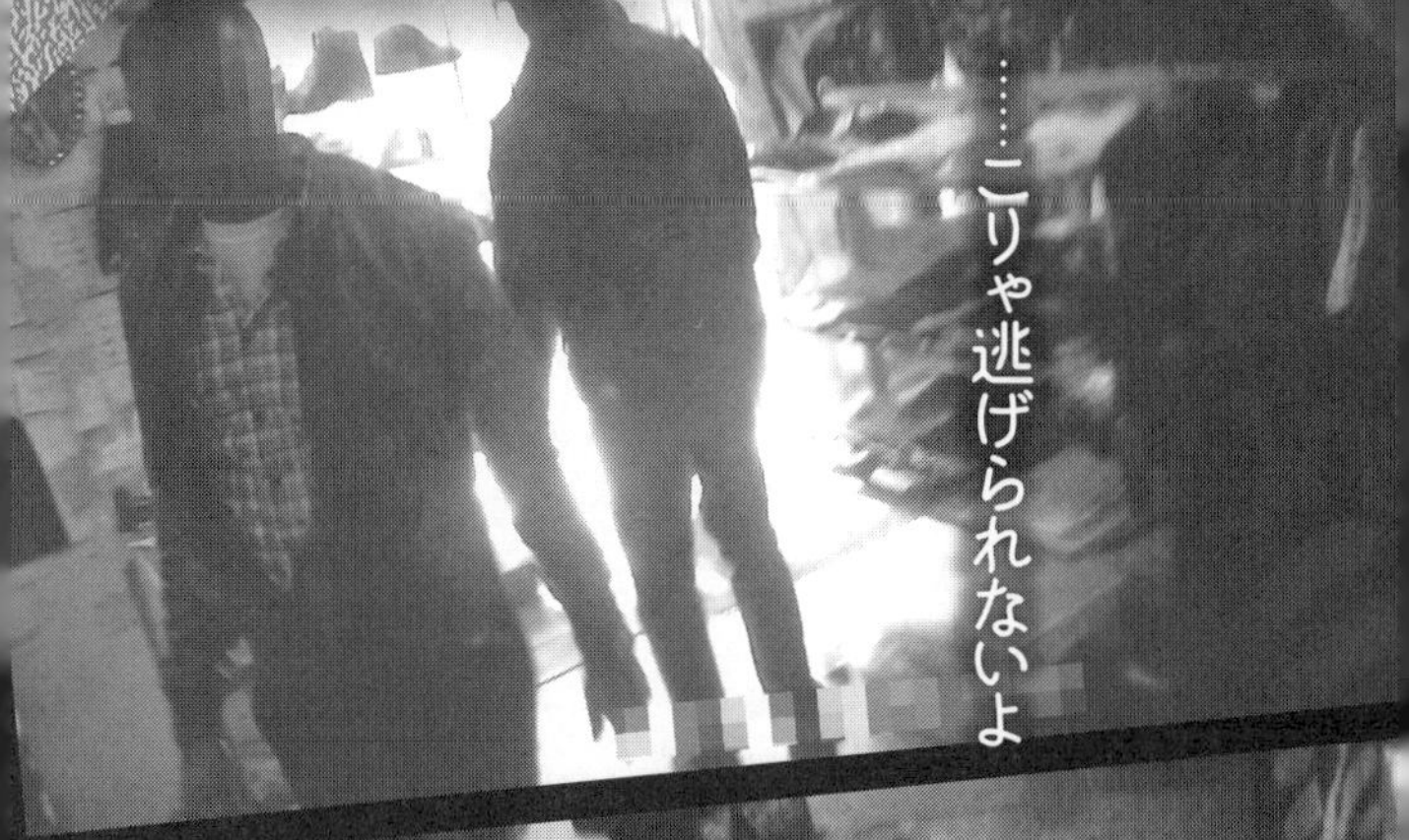

日ノ出町の立ちんぼエリアに
若い日本人が!
この子は美人日本人
マー君のニッポン珍百景
仙頭正教　編集部

横浜日ノ出町

横浜・日ノ出町駅から徒歩5分。末吉町一丁目の交差点付近は、以前から知られた外人立ちんぼスポットですが、ここ最近は若くてそこそこ可愛い日本人が立ち始めています。繁華街から遠いため人通りはほとんどないのに、なぜかチラホラと男の姿が。お客さんなんでしょうか。ちなみに相場はルックスに関わらずイチゴーです。

3割ほどは日本人でした

☜スタイルよろしいな（この子は外人）

エンコーやり逃げATMにご注意を

☞ここで待たせて

マー君のニッポン珍百景

仙頭正教 編集部

池袋西口

池袋の西口にエンコーやり逃げATMと呼ばれている場所があります。男たちの手口はこう。まずエンコー娘とホテルへ。そこで「あ、お金たりないわ。後でおろすからATMまでついてきてよ」。一戦を終えてから、このATMへ。入り口で女を待たせます。しかしここ、ずーっと奥の方までスペースが広がっていて、その先にもうひとつ出入口があるのです。そこからこっそりダッシュで逃げるわけです。被害者が続出しています。ご注意を。

中をすーーっと
通り抜けて

MIZUHO
みずほ銀行
こっちから
ダッシュ
?!

マルチケンタッキー本日も盛況なり

左が右をマルチに勧誘してました

マー君のニッポン珍百景

仙頭正教　編集部

新宿

ケンタッキー新宿店の3階には…
●マルチにご用心　●見逃すな犯罪
これらのポスターが所狭しと貼られています。その数、合計12枚。3階へはカウンターを通らずに行けるので、怪しい話をするには持ってこいなのかもしれませんね。

芸能人サインの転売ヤーは品川駅で待ち構える

いつ誰が到着するかわかりません

それでも待つ

マー君のニッポン珍百景

仙頭正教　編集部

品川駅

メルカリやヤフオクで芸能人のサイン色紙を転売してる人たち、通称・転売ヤーは、いったいどこでそのサインを入手しているのか。答えは品川駅です。新幹線で品川駅に到着した芸能人は、グリーン車近くの「北口改札」から出てきて、港南口のタクシー乗り場へ向かいます。その順路で、転売ヤーたちは待ち構えているんですね。バッグに色紙をたっぷり詰めて。

とにかく待つ

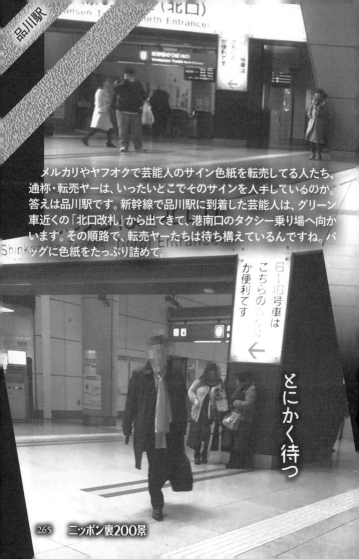

マー君のニッポン珍百景

仙頭正教　編集部

シニアが集う乱交パーティ

こちら、下町のシティホテルで行われるシニア乱交パーティでございます。40〜50代の男女が集まって、子育てや体調の話題で盛り上がりながらセックスするんです。なかなか奇妙なパーティと言っていいでしょう。みなさん、お盛んですね。

主催者のおばちゃんです

爛《ただ》れた空気ですな

お盛んでなによりです

マー君のニッポン珍百景

仙頭正教 編集部

毎年4月5月の夜は、東京の高田馬場駅前に酔っ払い女子があふれかえります。付近の大学、専門学校の新人ちゃんが慣れない酒を飲むからでしょう。グデングデンになった彼女らには男らが獣のように殺到するわけですが、さてこの後、この子たちはどうなっちゃうのでしょう？ 貞操は守られるのでしょうか？

ぐでんぐでん女子に群がる獣たち

おっぱい触ってない？

歩けるかな

ひとりにはさせてもらえません

心配してるフリじゃねーの?

六本木某所のコンビニにある男女共用トイレでは、夕方からなぜかゴミ箱に古いパンストが捨てられだします。出勤前のキャバ嬢なのか、パパ活の女なのか、新しいパンストをはいてイイ獲物を見つけようってことなんでしょう。中が綺麗なので着替えに最適なんですね。なもんだから、そのブツを狙ってパンスト愛好家もうろちょろする始末です。カオスですね。

パンストが漁られるコンビニトイレ

キレイなトイレですね

マー君のニッポン珍百景

六本木

ほら、ありました

美女が次々やってきます

六本木の高級ホテル、グランドハイアットのロビーには、19時を過ぎたあたりから、肩を出した派手目な女が増えてきます。これ、ホテルに泊まる金持ち男を捕まえるためのパパ活の場合があります。声をかけられて部屋についてくんですね。ロビーとフロントの場所が離れていて、誰でもソファに座れるあたりが便利なのでしょう。以上、しょっちゅうここで女を買ってる、某外資系証券マンからの情報でした。

六本木パパ活ロビー

マー君のニッポン珍百景

仙頭正教　編集部

どこかにパパ活女はいるんでしょうか

マー君のニッポン珍百景

仙頭正教　編集部

女装子ビデオボックス

池袋北口から徒歩５分の場所にある某ビデオボックスは、女装する男のたまり場になっています。受付も女装子で、ラウンジスペースには女装客がうろちょろ。そんな彼女らを男客が口説き、一緒に個室内に消えるという寸法です。これ、ビデボである必要あるんでしょうか？

☞受付からコレです

☝ビデボなのにこんなスペースが

池袋

金髪ちゃんも
いますね

個室フロアです

非常階段で行き来します

マー君のニッポン珍百景

ハッテンベローチェ

新宿花園神社の横にあるカフェチェーン店、ベローチェがハッテン出会いスポットになっています。奥が半個室のようにくぼんだ構造で、人目につきにくいからのようです。こんな場所で出会えるなんて、ホモの方は得ですね。

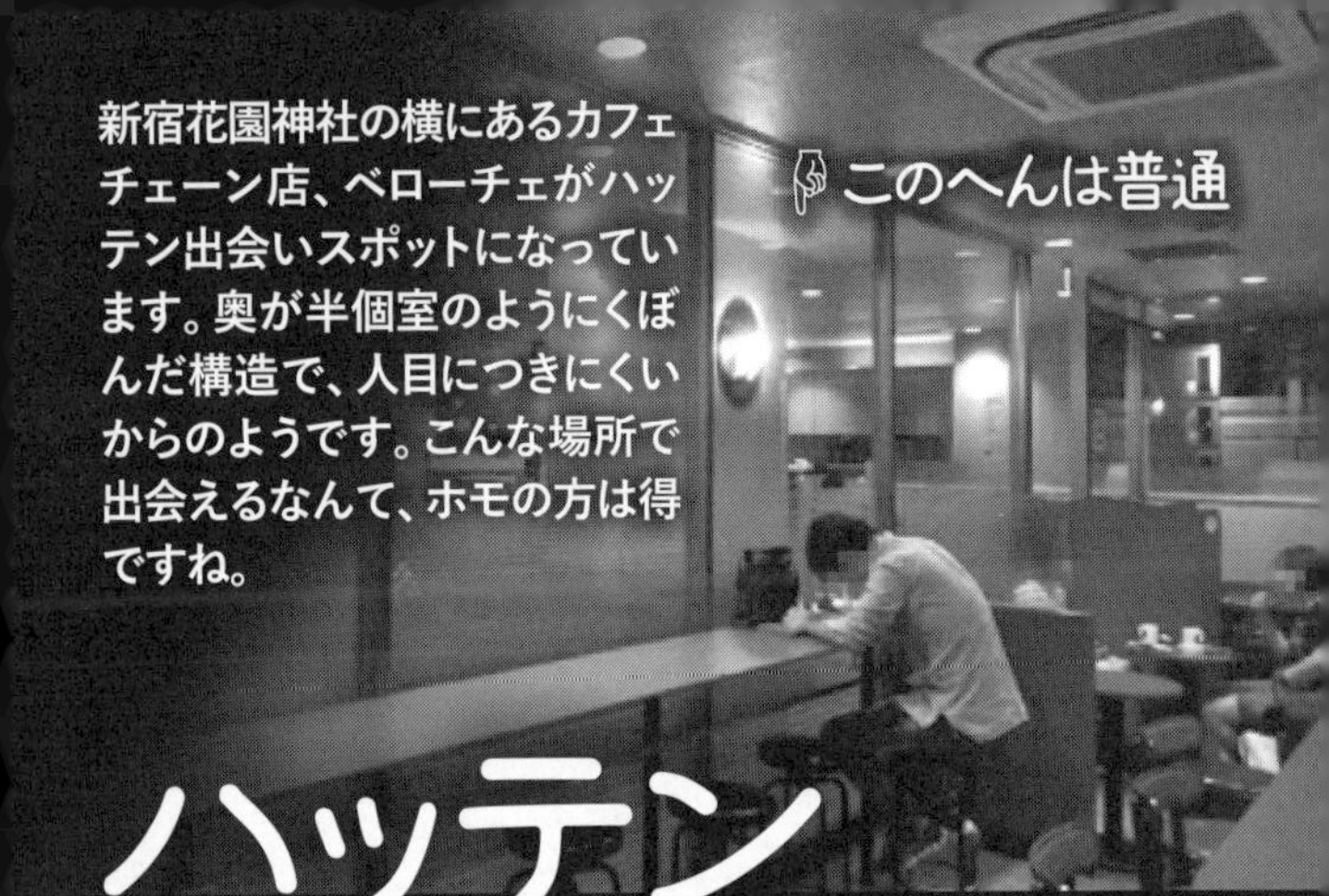

このへんは普通

このベローチェです

仙頭正敏 編集部

新宿

NO.6472597 2018/06/12 06:00
新宿5丁目ベローチェ
喫煙コーナーの奥の部屋ってこっち系の人が多いよね、怪しい匂い
匿名さん]
#141 2018/08/15 09:21
しゃぶりたくなったらどうしよう？
匿名さん]
#142 2018/08/15 09:33
来たけど誰かいない？
喫煙奥のところいる
モッコリ見せ合いしたい
匿名さん]
#143 2018/08/15 09:39
>>141
そのまましゃぶっちゃえば？
匿名さん]
#144 2018/08/15 09:48
>>142
かえれ、さっきから目付ききもいよ
匿名さん]
#145 2018/08/15 09:58
>>144
見てねーのに書いて
匿名さん]

なんか怪しげ……

ネットも盛り上がってます

地下鉄、六本木駅に直結するバーガーキングは、夕方になると客席が美女だらけになります。あちこちでキャバクラの面接が行われるためです。さすが六本木のキャバに入ろうというだけあって、レベルは最高級ばかり。安い金で目の保養ができますね。

美女バーガーショップ

六本木

☞近づくとイイ匂いがするんです、これが☞

マー君のニッポン珍百景

仙頭正教 編集部

ペッティング公園

池袋東口、ラブホがちょこっとだけあるエリアに、南池袋公園という芝生公園があります。通称、ペッティング公園。夕方になるとカップルのほとんどがジャレあって乳を揉んだりしてるんですから。他ではちょっと見られない欲情ぶりです。さっさとラブホに行きやがれ！

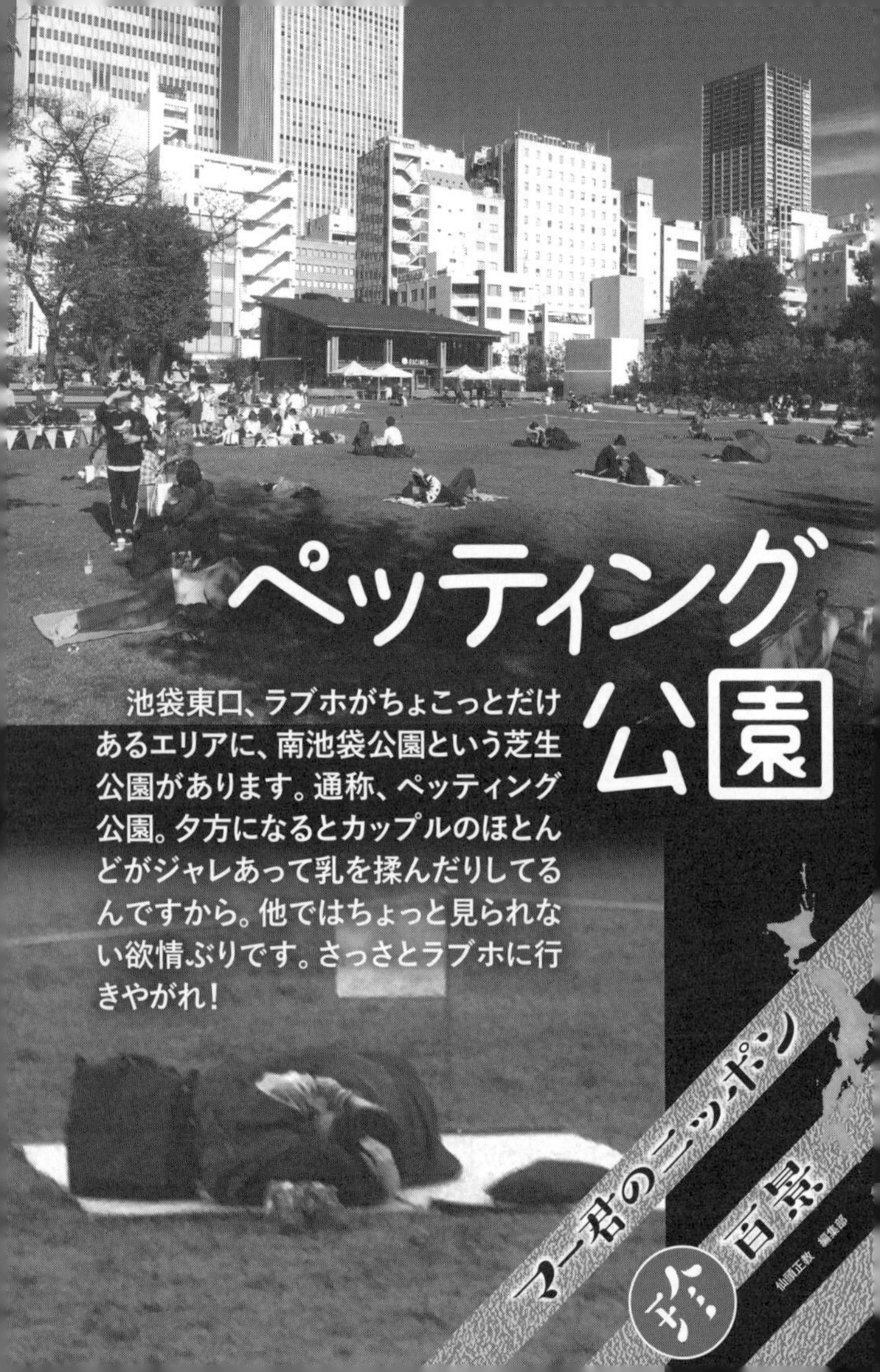

池袋東口

どいつもこいつもサカリすぎ！

これがヘルスだと？

日本一のボロヘルス

千葉県の某所に、日本一ボロい箱ヘル（？）がある。入り口には段ボール製の看板。待合室はゴミ屋敷。果たしてこんなとこでヌケるのか？

マー君のニッポン珍百景

仙頭正教　編集部

千葉県某所

プレイは2階で

待合室の様子です

またブームです
お目当てのリンゴジュース！
マー君のニッポン珍百景
仙頭正教 編集部

東京・千駄木

催眠商法が

☞歯磨き粉も
買ってしまいました…

お酢やリンゴジュースを100円で配ると宣伝し、集まった老人にセールストークをかまして高額商品を買わせる、地方ではよくありがちな商売がまた盛んになっています。ただ、いきなりウン十万の布団などが出てくるのではなく、この日のメイン商品は千円の歯磨き粉。ジイさんバアさんたちが喜々として何本も買っていました。明日以降はどうなるのでしょう？

ドライブスルー立ちんぼ

いかにもです

マー君のニッポン珍百景

仙頭正教 編集部

交渉中…

どうも仙頭です。ヒッチハイク中におかしな場所を見つけました。名古屋某所のラブホ街に、深夜になると南米系の女が数人立ち始めるんです。この人たち、ただの立ちんぼじゃなくて、客と車越しに交渉して成立したら車に乗ってどこかへ消えちゃう、ドライブスルー立ちんぼなんです。さすが車社会ですね。聞いたところでは日本人も一人いるんですって!

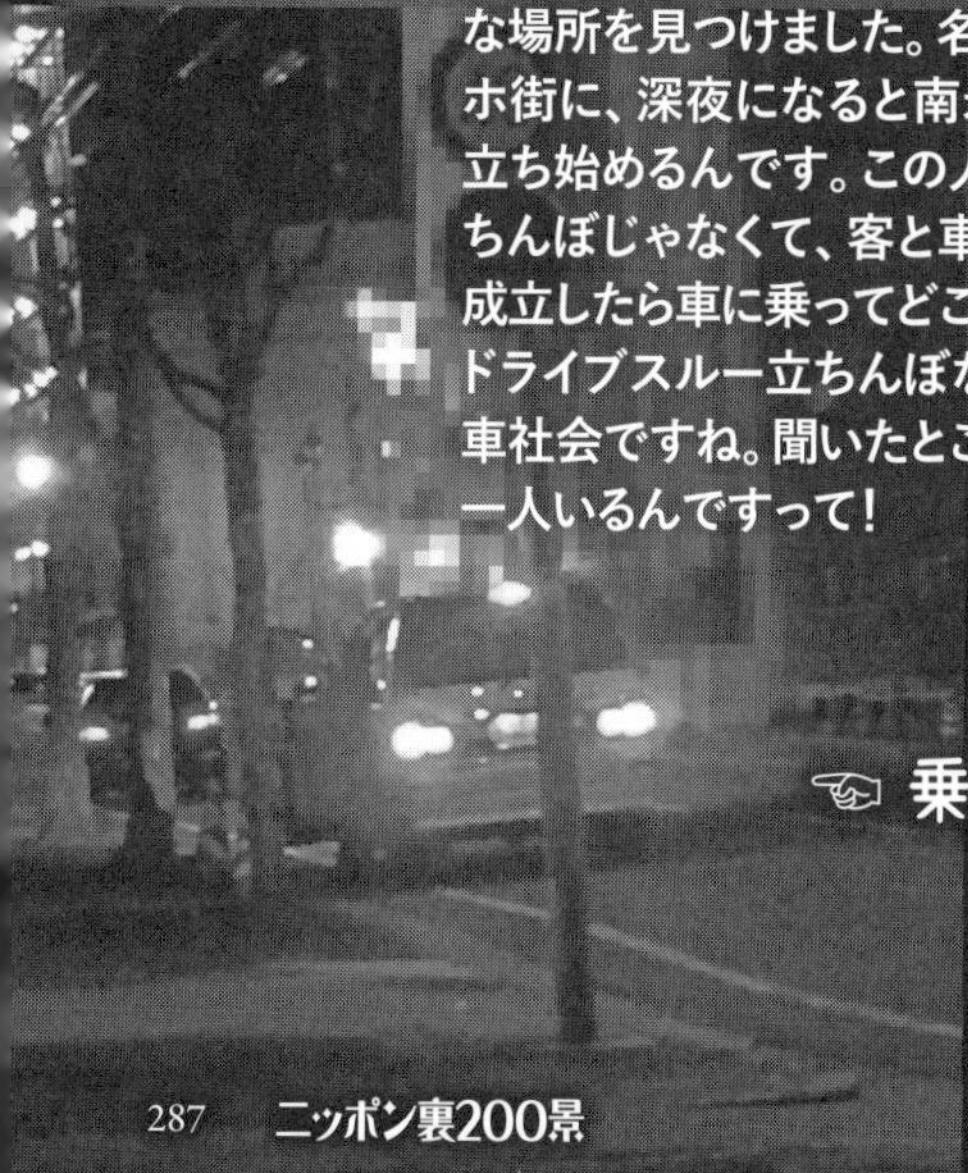

乗っちゃいました

鉄人文庫

ニッポン裏200景

「裏モノJAPAN」編集部が潜入・激写した
エロと犯罪の決定的瞬間!

2020年11月18日　第1刷発行

著　者　「裏モノJAPAN」編集部編
発行人　稲村　貴
編集人　平林和史
発行所　株式会社 鉄人社
〒102-0074 東京都千代田区九段南3-4-5
フタバ九段ビル4F
TEL 03-5214-5971　FAX 03-5214-5972
http://tetsujinsya.co.jp/
デザイン　細工場
印刷・製本　株式会社シナノ

ISBN978-4-86537-200-7　C0176　©tetsujinsya　2020